PSICANÁLISE NA ARTE

SUELI HISADA

PSICANÁLISE NA ARTE

Artesã

Psicanálise na arte

COORDENAÇÃO EDITORIAL
Karol Oliveira

DIREÇÃO DE ARTE
Tiago Rabello

REVISÃO
Silvia P. Barbosa

CAPA
Walter Grieco

PROJETO GRÁFICO E DIAGRAMAÇÃO
Conrado Esteves

H673 Hisada, Sueli.

Psicanálise na arte / Sueli Hisada ; ilustração: Flávio de Souza. – Belo Horizonte : Artesã, 2021.

132 p. : il. ; 21 cm.

ISBN: 978-65-86140-61-3

1. Psicanálise. 2. Psicologia. 3. Maternidade. 4. Arte. 5. Criatividade. 6. Solidão. 7. Infância. 8. Winnicott, Donald Woods, 1896-1971. I. Souza, Flávio de. II. Título.

CDU159.964

Catalogação: Aline M. Sima CRB-6/2645

IMPRESSO NO BRASIL
Printed in Brazil

(31)2511-2040 (31)99403-2227
www.artesaeditora.com.br
Rua Rio Pomba 455, Carlos Prates - Cep: 30720-290 | Belo Horizonte - MG
/artesaeditora

Agradecimentos

Agradecer contém a raiz *gratus*, que significa "ser acolhido". Em espanhol, *gracias*, oferecer graças pelo que recebeu. No português, "obrigado" não é um termo muito feliz, pois sugere obrigação de agradecer. Quero manifestar minha gratitude, que é atitude de gratidão por tudo que recebi de vocês que colorem minha vida.

A Winnicott, psicanalista inglês com quem aprendi a viver com criatividade e esperança.

Aos meus pais Masao e Tokuno, ouro de mina.

À Camila, minha eterna pandinha, que me possibilitou ser mãe. Mesmo morando tão longe na Austrália esteve presente cuidando da formatação digital deste livro.

À minha família, pela constante presença: Tiemi, Sérgio, Helil, Cristina, Rodrigo, Vivian.

Aos meus pacientes, pela confiança, por me permitirem acompanhá-los no encontro consigo mesmos.

Aos alunos de todo o Brasil, com quem compartilho tudo que aprendi nestes anos na clínica.

Aos seguidores da *fanpage* e do Instagram "*Holding* em Winnicott".

Ao amigo Sérgio Khedy, pela constante troca de ideias não só acerca da Psicanálise, mas acerca da vida, e por ter me apresentado a Editora Artesã, de Minas Gerais.

Ao Alcebino Santana, pela publicação deste livro, e à sua equipe composta por Karol Oliveira e João Monteiro. Estou de editora nova!

Ao livreiro Carlos Pikussa, que vende todos os meus livros e também intermediou minha mudança de editora.

Ao arquiteto Walter Grieco, do Studio Grieco de Publicidade, pela capa criativa que conseguiu com sensibilidade retratar a ideia do que o livro contém. Adorei ter acompanhado o processo de criação.

Ao talentoso e premiado Flávio de Souza, que realizou um trabalho belíssimo ilustrando com suas obras todo este livro, trazendo vida a ele, o que muito me honrou.

Agradeço ao amigo e editor João Amaral, pela cuidadosa leitura e revisão.

Ao irmão Darson Ribeiro, pela presença cálida em minha vida.

Ao amigo Antônio de Carvalho de Ávila Jacinto, pelo generoso prefácio. Você é poesia que ilumina a alma.

A todos vocês meus amigos do tênis, da dança, das viagens, das artes, da área Psi.

Por fim, aos amigos que fui encontrando pelo caminho e que dão sentido à vida, meu afeto.

Sumário

Prefácio

A história da psicanálise é marcada, desde sua fundação, pela presença de uma relação, de interesse e de entrelaçamento com a arte.

As produções artísticas aguçaram a mente de Freud (1856-1939), despertando, em seu gênio criativo, o elã de se relacionar com a arte, valendo-se dela, e nela, como usufruto prazenteiro, em sua vida cotidiana, e, também, como via possível, para a compreensão, do mistério, da vida mental do homem.

Freud deixou evidente, em sua vida e em sua obra, o interesse pelos grandes artistas da história da humanidade.

Figuras como Shakespeare e Goethe foram alvo de sua atenção, sem contar, obviamente, Sófocles, cuja tragédia, Édipo rei, deu sustentação à teoria do complexo de Édipo, um dos pilares centrais da metapsicologia psicanalítica, além de Leonardo da Vinci, personagem central de um de seus belos artigos.

Herdeiro da tradição freudiana, o médico e psicanalista inglês Donald Woods Winnicott (1896-1971) também irá se entrelaçar no tecido da produção artística, bordando, com linha fina, importantes aportes teóricos, onde a questão da criatividade, presente na arte e na própria vida, é posta em destaque e importância.

Em seu livro, a psicanalista e escritora Sueli Hisada promove uma rica articulação teórica, onde entrelaça a produção artística e a vida pessoal de alguns importantes artistas de nossa história: músicos, pintores, escritores e cartunistas.

Na obra, ela aponta para a importância, do fenômeno artístico, na história humana, e também elicia a possibilidade de uso da arte na prática clínica do analista.

Eximia contadora de histórias, e de estórias, com uma narrativa permeada por criatividade e licenças poéticas, a autora também propõe a análise de algumas importantes obras primas da cinematografia mundial.

Doutora em psicologia clínica pela Universidade de São Paulo, autora profícua na literatura e no campo da psicanálise, Sueli Hisada convida o leitor a mergulhar na biografia de seus personagens, apontando suas histórias, dramas e a incessante busca pela vida.

Ao visitar a vida de grandes artistas, revelando os dramas vividos por esses personagens, a autora nos convida a pensar sobre temas centrais da vida dos homens: suas alegrias e tristezas, feridas e cicatrizes, suas paixões, loucura, dor e glória, vida e morte.

Conectando conceitos psicanalíticos à biografia desses artistas, muitos deles sobreviventes de situações traumáticas nas fases constitutivas de suas vidas, a autora nos remete imediatamente à produção artística de seus biografados, apontando, com seus recortes, que a arte bebe, sim, na fonte histórica e no ambiente onde cada um deles se constituiu.

É no território da arte, no espaço potencial da transicionalidade, que a autora buscará referenciar os seus achados.

Para Winnicott, a criatividade é o motor do desenvolvimento e fundamento para a manutenção da vida:

> "É através da apercepção criativa, mais do que qualquer outra coisa, que o indivíduo sente que a vida é digna de ser vivida." (Winnicott, 1971, p. 95)

A constituição do *self* se inaugura na elaboração imaginativa do bebê, fomentada pela mãe suficientemente boa, e será fundamental ao longo de todo o processo de desenvolvimento e, também, na manutenção da própria vida, por toda a vida do indivíduo.

Segundo Winnicott, é no viver criativo que reside a base da vida sã e, também, a possibilidade de ocorrência de fenômenos curativos.

Enraizada na matriz winnicottiana, Sueli Hisada, nos brinda, assim, com mais uma obra literária, onde, valendo-se de sua própria criatividade, explicita o valor do criar como bem supremo do ser humano, desde os primórdios.

Ao tratar das criações artísticas em diversos campos, mostra a importância da criatividade com sua função reparadora e também curativa, deixando evidente a importância de seu texto para a experiência clínica.

Seguindo sua própria tradição de contadora de histórias e também de estórias, pois a vida do homem é também o que ele cria, inventando uma vida possível para si, a autora, analista cuidadosa constrói, a partir de seus personagens, uma narrativa própria, onde, com seu olhar criativo e generoso, nos conta um pouco da vida de muitos dos artistas, que fazem, fizeram, e farão, para sempre, parte de nossas vidas, já que são parte da vida, de toda a humanidade.

Arte e psicanálise estão unidas por um amálgama, sofisticado e profundo.

A arte, enquanto exercício sublime da criatividade e da reparação, evidencia as chagas do homem quedado ao limite inexorável de sua finitude e, ao mesmo tempo, com seu poder criativo, inventivo e regenerador, aponta para o inefável do existir, para a natureza dos mistérios, onde vida e morte podem ser uma coisa só. O homem, na arte, e com a arte, se torna eterno.

> "Uma das coisas que aprendi é que se deve viver apesar de. Apesar de, se deve comer. Apesar de, se deve amar. Apesar de, se deve morrer. Inclusive muitas vezes é o próprio apesar de que nos empurra para a frente. Foi o apesar de que me deu uma angústia que insatisfeita foi a criadora de minha própria vida." (LISPECTOR, 1969, p 26)

Antônio de Carvalho de Ávila Jacinto
Psiquiatra e Psicanalista, Professor da Residência em Psiquiatria Infantil e da Escola de Extensão (FCM-UNICAMP)

Apresentação

Convido você, leitor, a conhecer pessoas da arte em geral, mas do ponto de vista que você não ouviu falar. Revelo o lado humano, suas fragilidades, dores e lutas para se constituírem. Envolve a complexidade e riqueza humanas.

Apresento cada um como se fosse meu paciente respeitando sua história e como pôde construir a sua na medida do que foi possível. Sem críticas, com olhar atento e não invasivo uma vez que todos foram vítimas da falta e na verdade são sobreviventes.

Inicio abordando o princípio de tudo, como foi a infância. De onde vieram. Quem foram seus pais. E as figuras importantes que tiveram para poder se constituir. Muitas vezes não foi possível receber uma função especular dos próprios pais. Continuamos acompanhando a adolescência, até chegar à vida adulta. Enfatizamos como foram as escolhas objetais, pois isso revela muito da personalidade. Analisei com o meu olhar as saídas que cada um buscou para sua vida. No final discuto alguns conceitos psicanalíticos presentes para entender a psicodinâmica.

Escolhi quatro músicos famosos que admiro e fizeram parte da minha vida na adolescência. Freddie Mercury artista criativo de múltiplos talentos. Quando descobriu que estava com AIDS buscou uma figura materna que pudesse dar *holding* para seu desamparo. Felizmente encontrou Montserrat figura forte com coração de útero. Montei uma palestra sobre ele e apresentei esse trabalho para angariar fundos para a Casa Vida I e II para crianças portadoras de HIV. Uma forma de homenageá-lo já que o perdemos para essa doença numa época em que não havia tratamento.

John Lennon foi abandonado pela mãe e pelo pai com cinco anos e a partir disso começou a apresentar comportamentos violentos. Sofreu Deprivação e Tendência antissocial. Tia Mimi, que o acolheu, e Yoko foram fundamentais para sua vida. Buscou intensamente ser encontrado. Quando finalmente conseguiu um equilíbrio interno foi assassinado. Fui visitar no Central Park o obituário que está em frente à casa dele no prédio Dakota, em que está escrito "*Imagine*" e onde todos os dias uma flor é colocada.

Eric Clapton passou por dois grandes traumas na infância. Descobriu que a irmã na verdade era sua mãe, que nunca o assumiu. E, na primeira visita à casa dela, teve o cabelo cortado pelo padrasto e o meio irmão quebrou seu violão. Esse abandono provocou Deprivação e Tendência antissocial. Queria sempre o que era do outro. Inclusive a mulher do melhor amigo. Precisava roubar o que pertencia ao outro porque sentia que foi roubado. Tratava muito mal as mulheres porque acreditava que elas mereciam sofrer como a mãe fez com ele. A morte do filho foi essencial para sua recuperação.

Elton John teve uma mãe extremamente nociva e agressiva. E um pai violento que o abandonou. Foi um ser ilhado que se apegou a música para não enlouquecer. Tentou suicídio quando entrou para a *hit parade*. Tinha TOC, numa tentativa de controle. Precisava acumular objetos para se sentir seguro. A paternidade com a sensação de ser importante para alguém foi importante para sua recuperação.

Todos esses quatro astros do rock usavam muitas drogas para se anestesiar da dor, da melancolia. Viviam uma vida louca. Viver era entorpecer.

Dos pintores apresento Picasso um gênio da pintura que era obcecado por mulheres. Todas suas obras estavam ligadas a quem estava do seu lado. Curiosamente quando trocava de mulher mudava toda sua vida. Mudava de casa, de cidade, trocava até o cachorro. Havia uma cisão. Ou as mulheres eram consideradas e tratadas como capacho ou deusas. Enfatizo a questão das escolhas amorosas que foi fundamental na vida dele.

Yayoi Kusama foi a princesa das bolinhas. Mulher corajosa. Teve uma mãe que arrancava de sua mão todas as produções. Ela nunca conseguia acabar. A mãe a usava para vigiar o pai que a traía desde pequena o que trouxe danos. Não há registros de que conseguiu se relacionar afetivamente. Tentou suicídio duas vezes. Tinha esquizofrenia. Internou se numa clínica. Conheci a exposição dela chamada *Obsessão Infinita*. Fiquei impressionada com suas obras. Nenhuma artista conseguiu reproduzir tão bem a loucura. Eram vários espaços interativos em que era retratada a forma como ela via suas alucinações. Exposição impactante. Gostei tanto que passei a usar estampa de bolinhas nas minhas roupas. Vi uma reportagem em japonês com ela. Pretendia ir com meu pai para Tóquio para conhecê-la. Não deu tempo meu pai faleceu antes dessa viagem.

Lewis Caroll escritor criador de Alice no País das Maravilhas. Foi traduzido para o mundo inteiro. Eu adorava essa história. Fui numa exposição da Alice que você entrava por uma portinha, escorregava e caia no mundo dela e via a sala do chá. Quando fui estudando descobri algo que não esperava. Lewis Caroll esse nome foi escolhido por ele para homenagear ALiCe. Eram as iniciais de L C. Ele na verdade era pedófilo, era apaixonado por ela e pediu a mão dela em casamento quando ainda era criança. Fez um livro chamado "As meninas" em que tira fotos de garotas em que aparecem tornozelos. Algo devasso para a época. Consegui importar esse livro e presentei nosso querido Outeiral que também gostava muito de ler Alice. Abordo o que pode ter acontecido na psique de Lewis Caroll.

Lispector minha escritora predileta. Escreve com a alma. Diz que foi simplesmente "nascida". Foi concebida para evitar que a mãe enferma morresse. Crença dos pais. Sentiu culpa a vida inteira por não ter correspondido a essa fantasia. Ela teve uma mãe morta em vida. Não foi cuidada o que gerou um vazio. O desejo de pertencer a acompanhou por toda sua vida.

Charles Schulz foi cartunista e "pai" do Snoopy, Linus, Lucy e de outros personagens famosos que falam tanto da psique. As tirinhas retratam angústias existenciais. Nasceu de uma mãe imprevisível e que promovia a dependência e simbiose. Precisou desenvolver um falso-*self* como defesa para ser aceito e amado. Buscou segurança o tempo todo.

Dos filmes temos *Zelig*, de Woody Allen, que com maestria retratou o conceito de falso *self* que Winnicott descreveu. Quando assisti no cinema depois que saiu de cartaz fui comprar o pôster e fiz um quadro que ficou na minha casa. Na época não tinha em vídeo fui até a Argentina para assistir a película novamente e escrever um trabalho sobre ele.

Birdman também retrata a questão do falso-*self*. Apresentando uma questão polêmica, o suicídio como expressão do *self* verdadeiro.

Coringa foi o melhor filme premiado de 2020. Retrata a humanidade do vilão. O que aconteceu para ele se tornar alguém do mal? Veio de uma mãe psicótica que não o protegeu de abusos. Violência gera violência resultando em Privação e Delinquência. Acreditava ser irmão de Bruce Wayne. Neste momento curiosamente torcemos mais para o vilão Coringa do que para o herói Batman. Pelo menos este foi cuidado pelo mordomo Alfred enquanto que Coringa não teve ninguém. Viveu só e desamparado.

E o último filme foi *A Partida*, que aborda a questão do abandono. E do lar como ponto de partida e de chegada para elaborar as próprias questões da origem e que fundamentam o ser. Sem vínculos não há evolução humana.

A partir deste momento o livro é nosso. Você é bem-vindo para me acompanhar nestas reflexões. Espero que goste destes rabiscos.

> *"A vida é amiga da arte,*
> *É a arte que o sol me ensinou."*
> Música: *Força estranha* (Caetano Veloso)

CAPÍTULO 1

Sobre a criatividade

Era uma vez... uma psicanalista com trinta e seis anos de experiência clínica, doutora em Psicologia Clínica pela USP, autora de cinco livros em Psicanálise, que resolve fazer uma ponte entre Arte e Psicanálise.

Será que essa história terá um final feliz?

Não sei! O que importa não é o fim, mas o caminho. Foi uma delícia percorrer este caminho das Artes que pertence ao Espaço Potencial localização da experiência cultural, do ser e da criatividade com: cantores, pintores, escritores, cartunista, filmes.

Todas essas expressões da arte contêm um elemento curativo porque estão associados à criatividade, ao simbolismo e ao brincar.

Na saúde vivemos nessa zona intermediária que é o espaço transicional. O prazer pode ser obtido lendo, assistindo filmes, teatro, desenhando, pintando, esculpindo, dançando, jogando futebol, enfim, todos elementos da cultura. Não é apenas uma questão do que estamos fazendo, mas sim de onde nós estamos, ou seja, desfrutando de nós mesmos.

Infelizmente neste ano de 2020 estamos vivendo um período difícil de pandemia que terá sérios efeitos sobre a psique. Precisaremos da arte para ajudar a sair dessa crise e encontrar um caminho para o novo mundo. O mundo que conhecemos mudou. A adaptabilidade será necessária.

> *"Venha ao mundo com criatividade, crie o mundo; é apenas o que você cria o que possui significado para você."* (Winnicott, 2000, p, 85)

Através da criatividade existe a possibilidade de prestar significado a alguma experiência. É o fazer que brota do ser. No viver criativo tudo que fazemos fortalece o sentimento de que estamos vivos, que somos nós mesmos. Isso mostra uma vida que vale a pena ser vivida.

O espiral é o símbolo do movimento, de criação e evolução da vida. Acredito que temos que deixar nossa marca de SER no mundo. Pense que até os gêmeos univitelinos tem impressão digital diferente. Isto não acontece à toa.

Para ser criativa, uma pessoa tem que existir, e ter um sentimento de existência. A criatividade é, portanto, a manutenção através da vida de algo que pertence a experiência infantil, a capacidade de criar o mundo.

Winnicott ressaltou o tema do viver criativo independente da capacidade de se gerar obras de arte. Seria uma capacidade de transitar dentro e fora, de abandonar-se a estados não integrados com a confiança de uma reintegração por causa das experiências anteriores de previsibilidade. Ou seja, o ato criativo em si não é sinônimo de viver criativamente. A criação pode ser um quadro, uma obra, um jardim, uma escultura, uma sinfonia. Enquanto que para ser criativa uma pessoa deve existir. Relaciona-se ao estar vivo e viver criativamente, que é o passaporte para a saúde mental. Não exige talento especial.

Winnicott mais do que lido precisa ser internalizado, ou seja, tem que se construir um Winnicott próprio e pessoal. A meu ver, a grande contribuição dele foi enfatizar a importância de cada um encontrar seu próprio *self*. Sua singularidade no mundo.

O indivíduo só se constitui a partir do momento em que cria e que tem vida imaginativa, o que possibilita que se abra para o campo de símbolos, revelando um aspecto da própria personalidade e de um conhecimento do próprio eu, com uma visão de vida singular. Criar é fundamental, assim como beber e comer. Relaciona-se ao estar vivo.

CAPÍTULO 2

Músicos

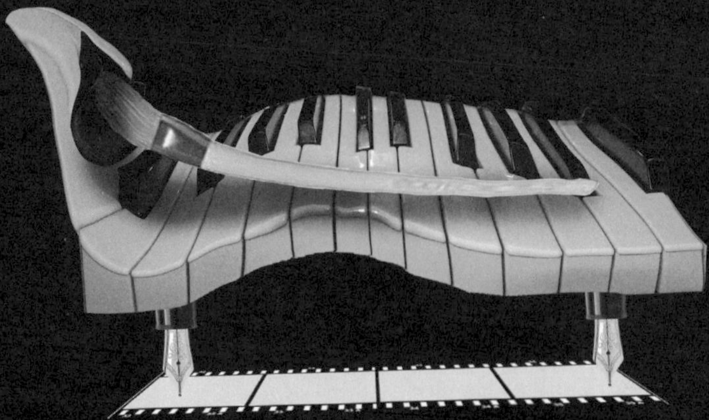

I. Freddie Mercury:
Busca do materno na morte

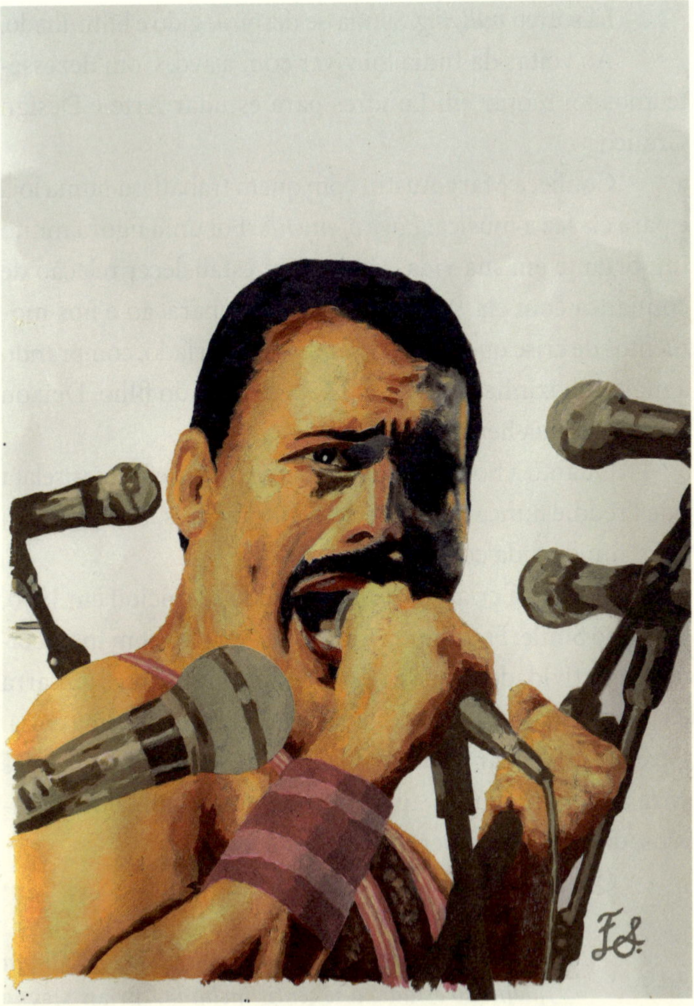

Quem foi Farrokh Bulsara? Mais conhecido como Freddie Mercury, criador e vocalista da Banda Queen. Nasceu em Zanzibar, Tanzânia em cinco de setembro de 1946 e morreu em 1991 de AIDS com 45 anos.

Seus pais foram Bomi e Jel. Quanto à infância, com oito anos foi sozinho a bordo de um navio para uma escola de meninos na Índia.

Lá sofreu *bullying*. Sentia-se desprotegido e humilhado.

Ao voltar da Índia foi viver com a avó. Com dezessete anos foi morar em Londres para estudar Arte e Design Gráfico.

Conhece Mary Austin com quem trabalhou numa loja e para ela fez a música: *Love of my life*. Foi uma figura muito importante em sua vida. Conseguiu estabelecer relação de confiança com ela. Mesmo depois da separação e nos momentos de crise queria Mary sempre do seu lado, comprando a mansão vizinha à sua casa. Foi padrinho do filho. Deixou metade de sua herança para ela.

Quanto à homossexualidade, a irmã Kashimira relata que Freddie nunca falou abertamente aos pais. Porém, viveu até o fim da vida com Jim Hutton.

Quanto à criação do Queen, tudo se iniciou em 1970, com trio Smile. Freddie era um artista versátil com inquietação e criatividade. Tocava piano desde os oito anos, guitarra e violão. Amava balé. Detestava fazer sempre a mesma coisa. Gostava de inovar levando do cinema, do teatro novidades para a música. Seu objetivo era criar uma Banda dos Excluídos, da qual sentia pertencer.

Quando estourou na mídia diziam dele:

> *"Freddie conseguia fazer a última pessoa na última fileira do estádio a se sentir incluída."* Brian May

"Dentre todos os cantores teatrais de rock, era o único que tinha literalmente a platéia na palma da mão." David Bowie

"Seu vigor não nascia da técnica, mas das suas entranhas. Estava levando tudo tão a sério como se fosse a última canção de sua vida." Peter Freestone

Necessitou buscar uma figura paterna. Tentou uma aproximação com Luciano Pavarotti, a quem admirava musicalmente, mas teve uma decepção. Pavarotti o considerava apenas um cantor de rock extravagante e por preconceito não o levou a sério.

Em 1987, descobre que estava com AIDS. Não revela para ninguém. Em 1988 vai para Barcelona só para conhecer a soprano Montserrat Caballé. Foi em busca de uma figura materna. Chegou no aeroporto e os repórteres perguntaram o que tem de melhor em Barcelona. Ele responde: *"Montserrat"*.

Quando ela o conhece pessoalmente e o ouve cantar fica admirada pela capacidade dele de encontrar o tom certo para cada palavra. Freddie pede para cantar com ela. A proposta é ousada: misturar a música clássica com rock. Ela concorda e criam juntos.

How can I go on?	Como posso continuar?
How can I go on this way	Como posso continuar nesse caminho
When all the salt is taken from the sea	Quando todo o sal é tirado do mar
I stand dethroned	Eu fico destronado
I'm naked and bleed	Estou nu e sangrando
But when your finger points so savagely	Mas quando você aponta seu dedo tão selvagemente

Is anybody there to believe in me?	Existe alguém para acreditar em mim?
To hear my plea and take care of me?	Para ouvir meu apelo e cuidar de mim?

Contou que estava com AIDS e que não queria que ela tocasse na sua mão durante a gravação porque tinha medo de contaminá-la. Ela pegou na mão dele sem medo e ele chorou compulsivamente.

Buscou alguém que pudesse dar *holding.* Encontrou na figura de Montserrat uma mulher forte, que o aceitou sem preconceito. Ela representou uma mãe suficientemente boa nos cuidados frente as agonias primitivas de Freddie. Mesmo após a morte Montserrat continuou a cuidar dos pais dele. Em 2003 morreu o pai de Freddie, e, em 2016, a mãe. Em 2018 morreu Montserrat.

No desenvolvimento emocional o papel de espelho da mãe é fundamental. Por isso vamos abordar os tipos de mães existentes para Winnicott. Ele tem um respeito tão grande por estas que chama de mãe suficientemente boa e quando não é nomeia de mãe insuficientemente boa, ou seja, continua a chamá-la de boa.

Tipos de mães para Winnicott

1. MÃE SADIA = NATURAL

- Faz com naturalidade
- Identifica-se com o bebê, deixando que mais tarde cresça e torne-se ele próprio
- Recebeu uma boa maternagem
- *Holding*, toque, forma como oferece o seio

2. MÃE PSICÓTICA

- Deixará que o bebê caia (a queda é o oposto de *holding*)
- Que não pode dar continuidade

3. MÃE DEPRIMIDA

- Mãe que não pôde entregar-se a preocupação materna primária
- Não ingressa naturalmente
- Deprimida ou preocupada com algo
- O bebê é deixado por conta própria
- Não estabelece empatia: não oferece suporte egóico
- Saída: esquizoidia ou falso-*self*

4. MÃE INCONSTANTE OU ATERRORIZANTE

- Pior dos efeitos sobre a saúde mental
- Inconsistência: às vezes boa, outras vezes má
- Defesa: Intelectualização – falso-*self* (submissão e vazio)
- O bebê não sabe o que esperar

Aspectos psicológicos

Acredito que Freddie teve uma Mãe Inconstante. Em alguns momentos era uma mãe submissa ao marido em outros era uma mãe rigorosa e severa. Ele embarcou sozinho numa viagem de navio de longa duração somente com oito anos. E chama a atenção o fato de ao voltar dessa escola só de meninos foi morar na casa da avó e não com os pais. Tudo isso mostra um distanciamento familiar. Ele se sentia não pertencendo. Também apresentava dificuldade de aceitar sua origem.

Buscou a intelectualização como defesa. Era extremamente culto. E utilizou os elementos da cultura e criatividade. Parece que construiu um falso-*self* para poder existir e tentar ser amado.

Utilizou muitas drogas estimulantes como mamadeira. Na adição temos sintomas melancólicos. Uma insuficiência imunológica psíquica para o abandono em fases muito precoces do desenvolvimento.

Diante da morte teve coragem e sensibilidade para buscar o que realmente necessitava. Encontrou esse olhar acolhedor, de continência dessa figura materna com coração de útero representada por Montserrat. Foi um antídoto contra o desamparo tão presente em sua vida.

II. John Lennon: All you need is love

Lennon nasceu em 1940 em plena guerra. Seus pais se separaram quando era muito pequeno. Com cinco anos seu pai Fred foi embora em um transatlântico para trabalhar como garçom e só foi reencontrá-lo dezesseis anos depois quando estava com vinte e um anos e já era um Beatles. Em seguida, sofreu o segundo abandono: a mãe, que o deixou com a irmã dela, foi embora com outro homem com quem teve mais dois filhos. Encontravam-se esporadicamente e nas vezes em que o visitava estava sempre machucada das surras que levava do companheiro.

Com cinco anos e meio foi expulso da creche pois era cruel e excessivamente agressivo. Conseguia quebrar uma cabine telefônica com socos. Na teoria do desenvolvimento emocional de Winnicott o ambiente influencia muito a saúde emocional da criança. É necessária a estabilidade e experiência de continuidade para que a saúde possa se estabelecer. É justamente o que faltou para Lennon. Os pais, de repente sumiram, a mãe passiva mostrava ser vítima de violência e não se preocupava com o filho. A agressividade estava à solta como defesa, esse modo violento de viver com apenas cinco anos e meio era a única maneira de sentir-se real. Estava buscando um ambiente que pudesse dizer "não", que significava proteção e segurança. É a procura dos limites que foram perdidos.

De acordo com Winnicott a tendência antissocial indica que o bebê pôde experimentar um ambiente suficientemente bom à época da dependência absoluta, mas que foi perdido posteriormente. Assim, o ato antissocial é um pedido, em redescobrir aquela experiência boa anterior a perda.

Segundo a escritora Rosa Montero em seu texto sobre Lennon e Yoko chamado "Vida louca", com dez anos ele olhava fixamente no espelho durante uma hora até seu rosto se decompor em imagens alucinantes. O que será que ele buscava?

Parece que ele buscava o olhar, buscava "ser visto", pois é através do olhar que é possível o estabelecimento da identidade. O precursor do espelho é o rosto da mãe. Ela possui essa função especular. O bebê precisa das respostas faciais da mãe quando olha seu rosto para que possa formar seu próprio sentimento de *self*, que é um conceito existencial.

> *"Quando olho, sou visto, logo existo."* (WINNICOTT, 1975, p. 157)

Na adolescência continuava no caminho da violência e maltratava os mais frágeis. O mesmo acontecia com sua mãe, que era mais frágil e apanhava do companheiro. Com ele, ocorreu o mesmo, pois era uma criança frágil, que foi abandonada pelos pais sem poder escolher seu destino.

Aos dezessete anos uniu-se a Paul McCartney que na época tinha quinze anos e a George Harrison que estava com catorze anos para montarem a primeira banda. Parece que foi um movimento de vida muito importante. Quando conheceu George não gostou muito dele porque este tinha uma estrutura familiar, pai e mãe que tanto desejava e invejava, mas quando o ouviu tocar prontamente aceitou na banda.

Quando estava com dezoito anos sua mãe morreu atropelada. Parece que isso provocou um estrago muito grande em sua vida pois pouco depois começou a beber constantemente e a usar anfetaminas. Buscou literalmente uma solução "oral", tentou "mamar" a mamadeira de álcool, na falta da mãe.

A violência continuou, surrou tanto um marinheiro que achou que o tinha matado. Que tanta raiva seria essa? É curioso lembrar que seu pai foi embora em um transatlântico quando o abandonou.

A ferocidade diminuiu entre 1966 e 1968 quando se tornou dependente de LSD.

Nessa época conheceu Yoko Ono que tinha trinta e três anos, enquanto Lennon completava vinte e seis anos. Encontraram-se na exposição interativa dela. Numa obra, ao subir no topo da escada, pega uma lupa para ler o papel minúsculo, em que estava escrito: *YES*. Fica encantado. Sentiu uma sensação de amparo. Logo separaram se de seus respectivos companheiros para viver este amor. Foi uma relação conturbada. De muito amor e ódio. Juntos ficaram viciados em heroína e metadona.

Lennon continuou a buscar várias saídas na tentativa de ordenar o caos interno. Em 1968 ambos começaram a seguir fielmente um guru indiano Maharishi, mas a decepção veio, ao descobrirem que era um charlatão. Em seguida, Lennon foi atendido pelo psiquiatra Janou, que trabalhava com regressão. Depois buscaram a hipnose, o contato com extraterrestres e magia.

Fez em 1970 a música *God*: "O que posso dizer? O sonho acabou."

Percebemos em Lennon uma busca constante. Mas o que será que ele tanto procurava? Winnicott nos ajuda quando refere que o que a criança procura é a "capacidade de encontrar" e não é um objeto que é buscado. Ele mantinha a esperança. Parece que o temor era de não ser nada, ele buscava uma autenticidade para preencher o buraco do vazio existencial. Buscar é esperar encontrar.

Durante seis anos viveu em constante depressão, com anorexia e num estado bem regressivo. Lennon tentou livrar-se da dependência das drogas. Sua canção *Cold turkey* mostra a dificuldade do período de abstinência:

> "Trinta e seis horas
> Retorcendo-me de dor
> Implorando a alguém
> Que me libere de novo
> Oh, serei bom rapaz
> Por favor, cure-me
> Te prometo qualquer coisa
> Tire-me desse inferno
> A rebordosa vem me perseguindo"

Lennon curiosamente chamava Yoko de mãe, viviam grudados um no outro, era uma relação fusional, viviam como se fossem um só. Ao mesmo tempo tinham brigas terríveis, trocavam tapas, novamente a violência estava presente. Oscilavam entre o amor e ódio intensos. Em seu último disco, Lennon disse: "Depois de tudo ter sido dito e feito, nós dois somos realmente um".

Parece que Yoko representava uma mãe que estava grudada, fundida, ligada à ele mas que na verdade ele nunca teve, pois sua mãe não quis ficar ao seu lado. Esta falta de confiança na mãe se manifestava através da anorexia, em que há uma suspeita da comida, é como se fosse perigoso ser nutrido. Era uma boca em estado de coma.

É impressionante como Lennon queria muito ter uma mãe que pudesse refletir sua imagem no espelho e assim dar-lhe uma existência. Na canção *Mother* ele fala com dor desse desencontro:

"Mãe, você me teve
Mas eu nunca te tive
Eu te quis
Você *não me queria*"

Percebemos quanto Lennon buscou de várias formas um *holding* de mãe. Ele vivenciou a experiência de solidão precocemente antes de alcançar a continuidade de ser.

Aspectos psicológicos

Abandono e falta de continuidade influenciaram na saúde psíquica. Lennon sofreu Deprivação afetiva. Foi dado, mas tirado, gerando violência e tendência antissocial. Teve a percepção que perdeu algo.

Perdeu o pai quando este o abandonou com cinco anos. Passou a ter comportamentos violentos. Tornou-se uma criança difícil. Depois perdeu a mãe quando esta se casou novamente e deu sua guarda para a tia Mimi irmã mais velha dela. Não o levou para sua casa. Ao observar hematomas na mãe que era espancada reproduziu esse comportamento batendo nos mais frágeis.

Buscou o olhar da figura materna. A função especular para poder existir e sentir-se real. Com a morte da mãe descompensa e vive o colapso novamente. Buscou refúgio oral com drogas estimulantes e alucinógenas para tentar escapar da dor.

Buscou a capacidade de encontrar. Ele mantinha a esperança. O que a criança procura é a capacidade de encontrar e não um objeto. Yoko representava uma mãe que ele nunca teve. Viveu num estado fusional com ela. Ele experimentou a solidão antes de alcançar a continuidade de ser.

O desamparo o constituiu.

Sobre o amor

Já que "*all you need is love*", vamos falar de amor rapidamente em Psicanálise para Freud e Winnicott, e também para os poetas, que são os que mais corajosamente viveram o amor.

Amor para Freud

Precisamos amar para não adoecer. O amor para Freud é a paixão romântica. Tem caráter ilusório porque o sujeito idealiza o objeto de amor, dando-lhe virtudes e perfeições imaginárias (Freud, 1914/1974). Na visão freudiana, todos os tipos de relacionamentos amorosos têm uma origem sexual e pulsional. Os enamorados teriam a sensação de serem um apagando-se as diferenças (Freud, 1930/1974).

Amor para Winnicott

> "*Amor significa existir, respirar, estar vivo, identificar-se a ser amado.*" (Winnicott, 2018, p. 19)

O foco é o amor materno, o desenvolvimento da capacidade de amar, e a relação amorosa duradoura. Na capacidade de amar, o par amoroso vivencia os paradoxos: fusão x descobrir o outro diferente. Envolve a capacidade de concernimento, de cuidado e preocupação em relação ao parceiro. Ser criativo na relação com o outro e de conseguir se divertir juntos.

> "*Preocupação indica o fato do indivíduo se importar, ou valorizar, e tanto sentir como aceitar responsabilidade.*" (Winnicott, 1983, p. 70)

O enamoramento é a eletricidade que circula no contato íntimo entre enamorados. A diferença entre amor e enamoramento é tênue. Poderia reproduzir a experiência infantil de fusão. Depende das experiências infantis de intimidade. O amado é subjetivo, parte de mim e ao mesmo tempo objetivo, estranho. Se a experiência sexual não vier acompanhada de vínculo, de concernimento, de afeição, de intimidade será somente Sexo.

Amor saudável

Condições básicas para a capacidade de amar: poder usufruir das relações afetivas. O brincar é fundamental na união amorosa. Os dois parceiros são criados e construídos subjetivamente. Criar aquilo que existe na realidade. Quando o indivíduo teve uma boa base de confiança pode desenvolver relações emocionais prazerosas, de intimidade. A afeição tem origem nos sentimentos afetuosos maternos, forma de amor tranquilo. Se origina na intimidade e na sensação de ser real. O amor restabeleceria uma identidade especular.

> *"A relação amorosa adulta constitui uma experiência criativa e transicional em que cada integrante do par cria ilusoriamente o parceiro amoroso que é encontrado na realidade, podendo compartilhar experiências, brincando um com o outro. A magia da intimidade... fortalece o sentimento do si mesmo."* (Lejarraga, 2012, p. 127)

Amor através do olhar dos poetas

> *"Amor...pois de amor andamos todos precisados! Em dose tal que nos alegre, nos reumanize, nos corrija,*

> *nos dê paciência e esperança, força, capacidade de entender, perdoar, ir para frente."* (ANDRADE, 1966)

Drummond tem um livro chamado *Amor, verbo intransitivo*. Define bem porque é o verbo que apresenta sentido completo, que não precisa de complementos. Assim, é o amor não precisa de complemento. Ele pode ser um fenômeno curativo. Remédio para a dor no sentido de ser visto por alguém, ser aceito e amado.

Bauman é um filósofo que enfatiza a questão da dificuldade dos vínculos afetivos na pós-modernidade. Com relações efêmeras e fugazes. Em que o amor escorre pelos dedos devido à falta de consistência. Define como Amor líquido, era da rede, fatal para nossa capacidade de amar. Com dificuldade de manter laços a longo prazo.

Sonete *Mañana*:

> *Amor, quantos caminhos*
> *Até chegar com um beijo,*
> *Que solidão errante*
> *Até tua companhia*
> (NERUDA, 1960, p. 12)

Neste sentido, Neruda compartilha das ideias de Winnicott sobre a importância da função especular para formação da identidade e estima, enfatizando a necessidade do amor ter reflexo.

> *"Amar os outros é a única salvação que conheço ninguém estará perdido se der amor e às vezes receber amor em troca."* (LISPECTOR, 1999, p. 101)

Porque amar é um exercício de amar. Através da relação com o outro podemos desenvolver nossa capacidade de amar que envolve trocas experiências e assim crescer.

> *"O amor nasce, vive e morre pelo poder da imagem poética que vê no rosto da amada. O amor prefere a luz das velas. Talvez porque seja isso tudo o que desejamos da pessoa amada: que ela seja uma luz que nos ajude a suportar o terror da noite."* (ALVES, 2008, p. 12)

Ele fala da importância da experiência verdadeira, do que é realmente importante. E da capacidade de poder se transformar pelo amor.

Realmente o que nós todos precisamos é de amor para preencher nossas necessidades faltantes ou conforme a canção dos Beatles que Winnicott mais gostava simplesmente... *Let it be.*

III. Eric Clapton: Lágrimas de Solidão

Infância

Nasceu em Ripley na Inglaterra em 30 de março de 1945. Tem 75 anos. Foi criado pelos avós Rose e Jack Clapp. O primeiro trauma ocorreu aos nove anos quando o grande segredo foi revelado era filho da Patrícia até então sua irmã. Com 15 anos a mãe teve um caso com aviador Edward Fryer, seu pai que nunca conheceu. Depois, Patrícia casou-se com um soldado canadense, Frank Mcdonal, com quem teve mais três filhos. Era uma mulher glamorosa, fria e áspera.

Primeiro Trauma

> "Posso chamá-la de mãe agora"?
>
> *"Acho que é melhor, que você continue chamando seus avós de mãe e pai"*. (CLAPTON, 2017, p. 26)

Esse trauma trouxe consequências. Sentiu decepção e raiva. Apegou-se ao cachorro labrador Prince. Criou o menino Johnny Malingo, que passava por qualquer um que ficasse no seu caminho. Criou também um amigo imaginário Bushbranch, que era um cavalo que ia para todos os lugares com ele para não se sentir mais sozinho. Odiava escola.

> *"Comecei a me fechar em mim."* (CLAPTON, 2017, p .15)

Clapton começou a mostrar-se intratável, retraído, rejeitando afeto. Com dez anos começou as brincadeiras sexuais. Com onze anos praticava vandalismo nos trens, quebrando vidros e furtando. Com doze anos começou a fumar. Não gostava de brigar. Dor e violência o assustavam. Começou a tocar gaita, piano como a avó Rose e comprou o primeiro violão usado com o dinheiro que pegou da carteira da avó sem avisá-la.

> *"Queria que você fosse embora."* (Clapton, 2017)

Segundo Trauma

Foi visitar a mãe pela primeira vez e o padrasto mandou cortar o cabelo dele para ir à missa. Sentiu-se sozinho e humilhado pois até a avó não o defendeu. Nesse mesmo dia, o meio irmão Brian quebrou seu violão e ele ficou arrasado. Teve a identidade arrancada e o bem mais precioso, seu violão, retirado.

> *"Fui para dentro de mim mesmo e decidi que dali em diante não confiaria em ninguém."* (Clapton, 2017, p. 48)

Fez esta música:

"Come and visit me today	Venha visitar-me hoje
I'll do anything you want	Eu vou fazer o que quiser
I saw you out walking	Eu vi você andando
With your other man today	Com o seu outro homem hoje
I'm gonna blow you both away"	Eu vou acabar com vocês

Adolescência

Começou a utilizar álcool na adolescência para ter coragem para tocar e transar. Foi expulso da escola de Arte. Mentiu e fracassou. Foi trabalhar com o avô. Aprendeu com ele a fazer o melhor e sempre terminar o que começou. Com 18 anos, assinou contrato como músico. Era resmungão, impopular, polêmico. Fez um comentário polêmico racista contra Enoch Powell.

Drogas: Anos perdidos

Fumou por 30 anos. Usou álcool, maconha, heroína, cocaína, fenciclidina (PCP). Jamais injetou porque tinha pavor de agulhas.

> *"Meu vício isolou-me dos sentimentos das outras pessoas. A preocupação dos outros não significava nada porque eu me sentia ótimo contanto que tivesse pó."* (Clapton, 2017, p. 60)

George Harrison

Eram vizinhos tocavam guitarra e usavam ácido juntos. George convidou para tocar uma canção com Beatles, mas Clapton chamou a imprensa e divulgou o que chateou muito George. Quando tocavam juntos sentia como se fosse uma batalha de feiticeiros. A competição sempre estava presente. George parecia ter tudo que Clapton queria: carros bárbaros, carreira incrível e mulher linda. Assim Clapton se apaixonou loucamente pela mulher do amigo.

> EC: *"Estou apaixonado por sua mulher."*
>
> GH : *" Suponho que seja melhor me divorciar."*
>
> EC: *"Se você divorciar vou ter que casar com ela."* (Clapton, 2017, p. 150)

Paixão por Pattie

Clapton ficou obcecado. Dizia que era a mulher mais bonita que já tinha visto. Saiam os três juntos. Combina com George que fariam uma troca de casais, mas George desiste e Clapton fica com Paula, irmã de Pattie.

Depois finalmente consegue um beijo de Pattie e aumenta a esperança. Fez uma música para ela, chamada Layla, que diz: "Querida, você não vai acalmar minha mente preocupada?".

Após 11 anos de casamento, Pattie deixou George. Clapton queria apagar tudo que lembrasse a relação dela com George e começou a chamá-la de Nell, Nelly, Nello, para criar uma nova identidade. Só que, quando passam a viver juntos, ele começa a sabotar a relação. Tinham uma vida sexual péssima. Ela se sentia isolada e solitária. Eric passou a traí-la com frequência e Pattie resolveu partir. O empresário de Clapton criou uma estratégia. Anuncia para a imprensa o casamento. Ela volta, pois queria engravidar após saber que George havia casado novamente. Continuam as traições e Pattie também arranja um namorado, e Clapton envia uma carta para ele, dizendo: "Você está fodendo tudo". Tem um colapso e a coloca para fora de casa. Ficaram juntos por dez anos.

Tratamentos

O primeiro tratamento foi com Dra. Meg Patterson, uma neurocirurgiã com postura maternal que trabalhava com acupuntura e terapia neuroelétrica. Propunha abstinência total da heroína logo no início do tratamento. Recomenda que se separe da namorada Alice, que foi internada em outra clínica. Num episódio, Clapton utiliza xarope de metadona escondido. É descoberto e foi repreendido na frente de todos na mesa de jantar da casa da médica. Sente-se humilhado e parte.

A segunda internação foi na Clínica Hazelden para pacientes alcoólatras. Ao chegar, começou a apresentar gagueira, pois não sabia se comunicar. Retraiu-se, pois não queria revelar nada. Apresentava extremos ou sentia-se acima ou abaixo de todos. Aproveitou muito a terapia em grupo, pois via que outras pessoas também tinham problemas. Teve acompanhamento quando saiu da clínica, o que o ajudou muito.

Conor

Clapton dizia que não estava preparado para ser pai. Achava que era um bebê tentando cuidar de outro. Começou a se aproximar do filho de cinco anos. Levou-o no circo. Conor estava muito feliz, pois no dia seguinte iriam juntos no zoológico, e fez um desenho para o pai em que escreveu: "Eu te amo". Nesse dia, sofreu um acidente caindo da janela da altura de 49 andares.

> *"Se posso passar por isso e me manter sóbrio, então qualquer um pode."* (Clapton, 2017, p. 292)

Tentou transformar a tragédia para honrar a memória do filho. E fez a linda música *Tears in heaven* ("Lágrimas no paraíso"), para Conor:

"Would you know my name	Você saberia meu nome
If I saw you in heaven?	Se eu o visse no paraíso?
I must be strong and carry on"	Eu devo ser forte e seguir em frente

Neste período de luto (1991), a filha Ruth, de seis anos, ficou com ele, mas dizia que considerava como se fosse um *band-aid*. Clapton sofreu outras perdas. Em 1994 perdeu o avô. Em seguida, morre Alice, que ele introduziu nas drogas, por overdose de heroína. Há, ainda, a morte da mãe e do tio Adrian.

Saídas

Clapton buscou elementos da cultura como fenômenos curativos, como a música, escutando-a com todo o ser para não enlouquecer. Além disso, antiguidades, arte em grafite, desenhar, design, e assim buscou um estilo de vida novo.

Amores de Clapton

Para entender suas escolhas objetais:

Gail	Fora de alcance. Filha de político. Deslumbrante. Ficou obcecado.
Maggie	Dançarina. Troca de casais.
June	Sexo. Tornou-se amiga.
Charlote	Lindíssima. Modelo francesa. Olhos orientais. Olhos tristes.
Pattie	Obcecado. Buscava o olhar.
Alice	16 anos. Filha de David Harlech, considerava como pai. Jazz. "Vou fazê-la sofrer".
Jenny	Deixa ser flagrado por Pattie.
Valentina	Fez o almoço. Se sentiu bem por ser cuidado. Estava carente.
Lori	Italiana. Infância pobre. Convento. Personalidade poderosa. Confiante. Namoradeira. Divertida. Mãe de Conor.
Carla	21 anos. Sexy. Silhueta notável. Rosto asiático. Obcecado. "Por favor Mick Jagger essa aqui não. Estou apaixonado".
Charlie	Em recuperação. Usava drogas.
Francesca	Italiana. Ficaram 3 anos. Imprevisível. Viciado nela. Por que dá todo esse poder a ela?

Esposa Melia

Em um show, Melia pediu para tirar uma foto. Ficou encantado com o sorriso genuíno dela. Ela trabalhava no Empório Armani. Tinha metade da sua idade. Saíam sempre em três: ela, uma amiga e Clapton. Um dia, ela foi viajar e ele sai com a amiga deles para jantar, mas sente tanta falta de Melia que, quando ela voltou, chamou-a para morarem juntos. Em 2000 nasceu a primeira filha deles, Julie, uma bebê com dificuldade de engolir e que deu muito trabalho. No batizado da filha, Clapton pede de surpresa Melia em casamento. Tiveram uma segunda filha, Ella Mae. Diminuiu os shows, ficou mais em casa e aprendeu a ser pai.

Clapton por ele mesmo

Escolhas ruins. Se aparecia alguém decente, fugia. Não se achava digno de nada decente. Certeza de que seria abandonado como sua mãe fez. Buscava mulheres indisponíveis, instáveis e perigosas. Tinha baixa autoestima. Escolhia o que conhecia.

Aspectos psicológicos

Abandono e rejeição por parte da mãe por duas vezes e do pai que nem conheceu ocasionaram um trauma cumulativo resultante da incapacidade da mãe de desempenhar a função de espelho. As falhas no cuidado materno vão determinando vazios no *self* imaturo.

Apresentou fixações orais como adição de muitas drogas estimulantes como antídoto contra sintomas melancólicos e lamentosos.

As fixações na fase anal estiveram presentes através dos comportamentos obcecados numa tentativa de busca de controle para evitar perigo.

Reviveu a triangulação edípica com vivência de exclusão. No início teve inveja do meio irmão porque este tinha mãe, pai, família e reconhecimento.

Competiu ainda com George através do duelo de guitarras e carros. Queria a todo custo Pattie, que era esposa de George. Queria roubar o que era do outro porque sentia que lhe foi tirado. Depois que conseguia a caça, perdia a graça.

Pediu para ser escolhido o tempo inteiro, não queria perder novamente. Implorou para Mick Jagger não ficar com sua namorada Carla pois estava interessado nela.

Buscou mulheres poderosas, fora de alcance, modelos sedutoras. Sexo era visto como conquista, sem vínculos. Teve o desejo de produzir sofrimento nas mulheres, assim como sua mãe produziu nele.

Ter o objeto de desejo do outro envolve um momento de esperança em que a criança alcança um objeto e o rouba. Ocorre quando o ambiente falha. Está procurando a capacidade de encontrar, e não o objeto em si.

Devido à imprevisibilidade que recebeu do ambiente buscou o olhar. Teve a necessidade de ser cuidado, devido à carência de um amor verdadeiro. Só encontrou na maturidade.

IV. Elton John: Solidão do menino

Casal de guerra

O pai, Stanley Dwight, tinha 17 anos quando conheceu a futura esposa. Era trompetista amador. Reparou nela na plateia. Depois se tornou tenente de voo e viajava muito. Sheila Harris tinha 16 anos quando conheceu Stanley. Entregava leite numa carroça. Ambos teimosos, com pavio curto. Não se davam. Esses eram os pais de Elton Hercules John. Ele e a mãe moravam com a avó materna, Ivy, e seu segundo marido. A avó era a pessoa em quem mais confiava. Melhor cozinheira do mundo. Matriarca de classe operária. Sem frescuras. Trabalhava duro, era gentil e divertida. Quando o pai voltava do Iraque, sempre tinha novas regras militares em casa. A rigidez predominava.

A mãe batia muito no filho. Com 2 anos o ensinou a usar banheiro batendo com uma escova de aço até sangrar. Para prisão de ventre, ela deitava Elton em cima da bandeja do escorredor e colocava sabão carbólico no ânus.

O pai não conversava, explodia. Qualquer expressão de afeto que não fosse raiva era considerada falha de caráter fatal.

Separação dos pais

Quando estudava na Royal Academy ocorreu a separação dos pais. Foi um alívio. Com o divórcio, a mãe conseguiu o que queria: livrar-se do marido. Foram morar com novo namorado dela, Fred, pintor e gesseiro. Financeiramente foi um período difícil. Mas, por outro lado, a mãe tinha menos mau-humor, fazia menos críticas. Gostava do padrasto. Colocou nele o apelido de Derf, que era "Fred" ao contrário. Achava que ele tinha um coração de ouro, generoso. Gostava de rock. O pai, por sua vez, casou-se com Edna. Mudaram-se para Essex. Abriram uma papelaria. Tiveram quatro filhos.

Elton nesse período deixou a escola. Assumiu uma vaga no setor de embalagens de uma indústria musical. Viu como uma chance de praticar piano. Tornou-se determinado. Queria mostrar que o pai estava errado, que podia viver da música. Nunca mais se viram. O pai morreu de câncer em 1991.

> Recebeu uma carta de Edna Dwigh segunda esposa do pai que dizia: "Seu pai tinha orgulho de você do jeito dele, só não era da sua natureza expressá-lo." (John, 2019, p 34)

Sexualidade

Foi até os 19 anos sem qualquer compreensão ou conhecimento do que fosse sexo. Seu pai dizia que a masturbação levava à cegueira. Só pensava em tocar: "A música me absorvia por completo." John, 2019, p 41.

Com 21 anos, a libido resolveu se manifestar e começou a ter interesse repentino por vários homens. Elton John anunciou que ele era gay. Revelou para a mãe: "Ah nós sabemos. Faz muito tempo que sabemos disso."

Casamentos

1. John: Primeiro amor, intenso, inocente, ingênuo. Mas foi ele que ensinou Elton a ser devasso. Foi traído várias vezes. Teve medo da violência e se separou quando foi espancado.

> *"Era o tipo de pessoa que conhecia alguém, ficava nas nuvens e começava a planejar uma vida conjunta. Incapaz de diferenciar uma paquera de amor verdadeiro. Já enxergava a cerquinha branca."* (John, 2019, p. 73)

Adorava rapazes loiros e bonitos e sequestrava-os. Tirava de suas cidades, sustentava para acompanha-lo pelas turnês.

2. Renate: Engenheira de som. Gostava da companhia dela. Inteligente, gentil, divertida, senso de humor britânico. Parecia solitária e isolada, assim como Elton se sentia.

> *"Acreditava que poderia me curar. Quando a mentira tornava se grande, trancava me sozinho com montes de cocaína."* (John, 2019, p. 167)

3. David Furnish: Produtor e publicitário canadense. Casados desde 2005. Tiveram dois filhos: Elijah e Zachary.

Compulsão de compras

Desde criança tinha coleção de carreteis de algodão. Gostava de presentear, de fazer compras. Colecionava tudo: de *art nouveau*, livros, antiguidade, roupas, cadeiras, joias, bondes.

> *"Já passei noites tristes e solitárias em casa cheias de coisas belas"* (John, 2019, p. 89)
>
> *"Quando eu era criança, eu tentava criar uma sensação de ordem numa vida caótica em razão das idas e vindas do meu pai e de tantas broncas e brigas. Não tinha como controlar nada daquilo e nem o humor da minha mãe, mas detinha controle sobre as coisas*

do meu quarto. Objetos não poderiam me ferir. Eu os considerava reconfortantes." (JOHN, 2019, p. 24)

Aspectos psicológicos

Importância da presença da avó e do padrasto como experiências reparadoras na infância. Através deles, pode ser visto.

Usou drogas, entre elas a cocaína, como "mamadeira", pois apresentava fixações orais. Apresentava melancolia, desamparo. Um ser abandonado. Numa das crises, na comemoração que conquistou o *hit parade*, tentou o suicídio ingerindo diazepam e entrando na piscina.

Apresentava fixações anais também manifestadas na compulsão de compras e na tentativa de controle, possuindo objetos para tentar evitar algum perigo e, assim, tentar organizar algo.

A mãe foi uma figura aterrorizante. O medo que Elton tinha do primeiro marido era muito parecido com o temor que tinha pela mãe na infância. Sempre crítica, ácida. No casamento do filho, vai até a cerimônia e não entra. Tem muitos ciúmes do companheiro do filho. Ficam 7 anos sem contato e, ao descobrir que a mãe estava doente, Elton tenta retomar contato mandando fotos dos filhos. Ela responde que nunca gostou de crianças. Não conseguiu proporcionar uma função especular, pelo contrário, produziu no filho baixa autoestima e temor da violência.

Não teve mais contato com o pai desde que este se casou novamente. Não foi nem ao seu funeral, mas buscou um resgate com a figura paterna através do time de futebol Watford, tirando-o da falência – esse era o time do bairro, para o qual ambos torciam. Foi uma fonte de alegria. Memórias criativas.

> *"Quando não sentia amor na minha vida pessoal, sabia tê-lo do clube e de seus torcedores."* (JOHN, 2019, p. 135)

A solidão foi sua eterna companhia.

Não tendo a sorte de contar com uma mãe continente, pesou sobre ele o tempo todo uma ameaça de perda da capacidade de se relacionar. A paternidade trouxe calmaria e desejo de não morrer, de ser finalmente importante para alguém.

CAPÍTULO 3
Pintores

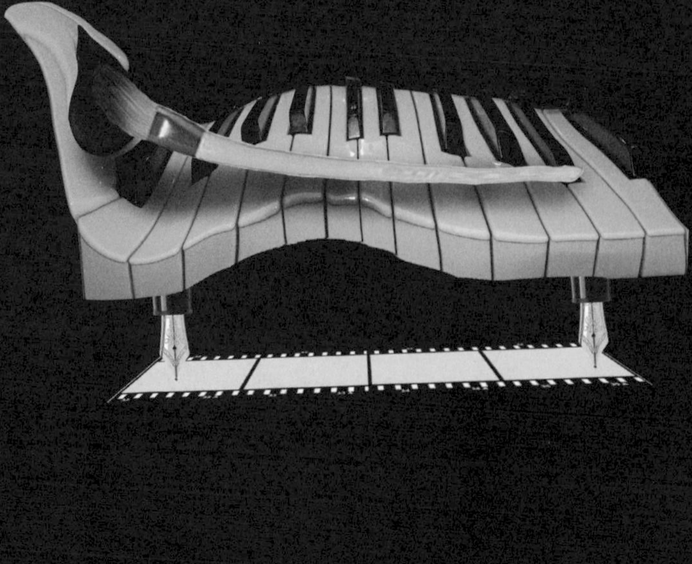

I. Pablo Picasso: Amor que adoece

Vivo por milagre

Logo que nasceu, Picasso não respirava e tinha o corpo arroxeado. O doutor Salvador Blasco, seu tio, soprou uma baforada de charuto, que desencadeou o reflexo que não se esperava mais. A sombra da morte estava presente desde o nascimento. Seu nome era Pablo Diego Santiago José Francisco de Paula Juan Nepomuceno Maria de los Remedios. Nasceu em 25 de outubro de 1881, em Málaga, na Espanha.

Pai e mãe

A mãe, Maria Picasso y Lopes, era prima do marido. Era 15 mais jovem. Não conseguia casar porque não tinha dote e ficou feliz por ter dado um filho homem para o marido. O pai, José Ruiz y Biasco, era orgulhoso de ter um filho com talento para o desenho. Professor de Belas Artes, era considerado pintor medíocre. Investiu tudo no filho, em um amor narcísico, em que o filho foi eleito para realizar o que não conseguiu alcançar.

Picasso

Pintor que mais retratou as mulheres de sua vida. Mulherengo indiscutível, companheiro generoso, amante cruel. Vamos falar de suas produções através das fases de acordo com as mulheres que o inspiraram. É impossível dissociar seu ofício da vida amorosa. As mulheres fazem parte dessa história.

Fase azul

- Paris aos 18 anos – figuras melancólicas, tristes (durou três anos).

- Influência do suicídio do amigo o pintor Carlos Casagemas, rejeitado por Germaine.

Fase rosa: Fernande Olivier

- 1904: figuras otimistas, quadros cheios de ternura, mas não abandonam os seres marginais.
- Influência: Fernande Olivier, modelo do Cubismo
- Foi a primeira namorada, com quem ficou de 1904 a 1910, fase de penúria.
- Quadro: *As senhoritas de Avignon* (1907) retrata as prostitutas de um bordel, estudos de nudismo com Fernande.

Eva Gouel

- Coreógrafa no circo.
- Era namorada de seu amigo.
- Conheceu Picasso quando tinha 25 anos.
- Ficaram de 1912 a 1915, quando ela morreu de tuberculose. Ficou devastado.
- 1913 morre o pai, entrou em depressão.

Fase negra

- Visitou mostra de esculturas africanas e se impressionou com o sentido mágico, que considerava amuleto para afastar o mal.
- Quadros desse período aparecem com a frase: "Eu amo Eva e Ma Jolie".

Olga Khokhlova

- Bailarina russa, tinha 28 anos quando conheceu Picasso em Roma.
- Apaixonada, largou a profissão para viver com ele na Espanha. Fase de muita fartura.
- Em 1918 se casaram e em 1921 tiveram um filho, Paolo.
- Ciúme doentio, casamento conturbado.
- Nesse período engravidou Marie Therese. Olga foi viver com o filho na França. Tinha uma relação péssima com esse filho. Somente em 1935 Picasso a deixou e Olga morreu de câncer em 1955.

Fase surrealista: Marie Therese Walter

- Loira, olhos azuis, submissa e atraente.
- Tinha 17 anos quando conheceu Picasso em Paris.
- Foi a amante que nunca se tornou esposa e se enforcou em 1977.

Dora Maar

- Fotógrafa francesa, inteligente, politizada, era comunista e linda, com olhos verdes e cabelos negros.
- Viveu com Picasso (1936-1944) durante a Segunda Guerra, registrou o processo de criação de *Guernica*, de 1937, em tempos de guerra.
- 1939: morte da mãe. Não pode vê-la por risco de fuzilamento.

Françoise Gilot

- Em 1943, quando jantava com Dora, conheceu uma pintora francesa ruiva de 21 anos. Ele tinha 62. Apaixonaram-se e foram viver em 1948 no Sul da França, até 1954.
- Tiveram dois filhos: Paloma e Claude. Cansada das traições, em 1953 foi a única mulher que o abandonou e que falava de sua tirania.
- Inconformado, sofreu muito e passou a produzir compulsivamente.

Jacqueline Roque: Expressionismo

- Conheceu Picasso aos 27 anos. Tinha 45 anos a menos que ele.
- Foi sua agente, secretária, enfermeira, amiga e amante e último romance.
- Isolou-o de todos, deixando o marido livre para produzir.
- Ganhou uma herança milionária.
- Amor que terminou em suicídio porque não conseguia viver sem ele.

Mulher	Características	Idade	Etc.
Fernande	Otimista e terna	24 anos	6 anos juntos
Eva	Elegante	25 anos	3 anos. Picasso fica devastado quando ela morre de tuberculose.

Mulher	Características	Idade	Etc.
Olga	Bailarina, possessiva, fútil.	28 anos	Casamento conturbado. Picasso não aceita filho homem.
Therese	Loira, olhos azuis, submissa.	17 anos	Se enforcou. Eterna amante.
Dora	Fotógrafa, olhos verdes, politizada.	28 anos	8 anos juntos. Época mãe de Picasso morre.
Gilot	Pintora, ruiva.	25 anos	10 anos juntos. Falava de tirania de Picasso. Única que o abandonou.
Jacqueline	Musa, controladora.	27 anos	20 anos juntos. Pensava que Picasso era Deus. Se mata após a morte dele.

Aspectos psicológicos

Quando substituía uma mulher por outra, Picasso mudava a vida toda: trocava de casa, de estúdio, de amigos, admirava outro poeta, comprava um cão. Transformava seu estilo de pintar. Mudava sua personalidade.

Retratava cada nova mulher muitas vezes, de forma obsessiva, numa tentativa meticulosa de ordem e controle. Adorava estar cercado de mulheres, como na infância, quando era idolatrado pela mãe e por duas irmãs.

Picasso fazia uma cisão quanto às mulheres: ou eram deusas ou capachos. Teve dificuldade de se relacionar com mulheres reais. Não apresentava capacidade de ficar só.

As fases: azul, rosa, negra, surrealista, cubismo (cortada em pedaços) e expressionismo selvagem foram aplicadas nas telas de acordo com as mulheres com quem se relacionou.

Com as mulheres-capacho havia uma tirania, uma falta de cuidado, eram relações de uso como se fossem objetos, sem preocupação. Era assim que sua mãe se comportava em relação ao seu pai. Achando que era premiada por ter lhe dado um filho homem como tanto desejava já que não tinha dote. Toda a família passou por privação financeira para que Picasso pudesse estudar pintura. O pai de Picasso, narcisicamente, queria que o filho brilhasse na pintura porque ele mesmo não conseguiu reconhecimento.

E, com as mulheres-deusa, buscava uma fusão, não existia "eu não eu". Pintava compulsivamente. Pintou quatrocentas telas da última mulher.

O final

Continuar pintando era sua forma de manter-se vivo. Trabalhou até um dia antes de morrer na obra: *A verdade*. Morreu na França aos 92 anos, em 1973.

> "Rir é desistir ao desespero.
> Amar é dizer não à guerra
> Pintar é viver
> O homem que ri, que ama e que pinta,
> é um homem livre que escapa a história."
> (Plazy, 2016, p. 155)

II. Yayoi Kusama: Alucinações

A Princesa das Bolinhas, Yayoi Kusama, é a artista japonesa mais *pop* da história da arte contemporânea. Nasceu em Nagano, no dia 22 de março de 1929, e hoje tem 91 anos. Vive em Tóquio há 37 anos, numa clínica psiquiátrica, vítima de alucinações, transtorno obsessivo compulsivo e esquizofrenia. Continua a fazer suas artes num ateliê perto da clínica.

É a artista que mais consegue traduzir as alucinações e imagens obsessivas em pintura e escultura como expressão da sua vida e da doença mental.

Background

Filha de Kamon Okamura e Shigueru Kusama. A mãe de Kusama pegava seus desenhos antes que ela pudesse terminá-los, o que pode explicar seu impulso criativo obsessivo, em que ela corre para terminar um trabalho antes que ele possa ser tomado dela. Frustrada com a infidelidade do marido, a mãe também forçava a filha a espiar o pai e suas amantes, o que a traumatizou. Com 10 anos começou a pintar, era de uma família rica. Em 1957 vai para os Estados Unidos, onde conhece Andy Warhol. Tinha uma preocupação pelos direitos civis e das mulheres.

Desde a adolescência sofria com as alucinações, enxergando o mundo sempre coberto de bolinhas coloridas. Conseguiu transformar seu transtorno obsessivo compulsivo em arte.

Seu estilo é preencher com bolas repetidas muitas vezes todos os tipos de superfícies e objetos, criando uma ilusão de ótica que invade o olhar através do pontilhado. Desde criança pintava os pontos em todos os tipos de lugar, como uma espécie de fuga do real. Depois, passou a desenhar espirais de maneira excessiva e agrupadas, em um "banquete" para o olhar.

Cria também muitas obras fálicas, e os objetos do cotidiano passam a ter essa comunicação: mesa, cadeira, banheira, barco. Apesar de retratar constantemente temas fálicos, a experiência de espiar o pai foi tão marcante que resultou em aversão ao sexo ao longo da vida. Nunca se soube de qualquer relação amorosa dela. Solitária, a artista parece ter concentrado toda a sua energia nas suas criações.

Em 1965 criou o primeiro ambiente de sala espelhada do mundo. Ela percebeu o interesse do público pelo infinito num ambiente interminável. Poucos meses depois, foi copiada por outro artista em outra galeria e ficou arrasada. Atormentada, se jogou da janela de seu apartamento.

Se recuperou com a ajuda de amigos e, em 1966, criou *Narcisus Garden*, uma piscina de 1500 bolas espelhadas, onde ela mergulhava. Em 1973, dedicou-se à escrita, com contos e poemas. Em 2012, a tela *Broken Heart* mostrou o lado psicodélico da artista.

Ela representa o infinito com espelhos enfileirados para apaixonar-se pelo próprio reflexo. Talvez, uma tentativa da busca da função especular do espelho. As bolas cor de rosa sugerem contato sobre a morte. Os pontos que brilham no escuro pendurados no teto seriam a manifestação de alegria num mundo de voyeurs e exibicionistas. É uma arte em que ela consegue provocar o cérebro, os instintos, os sentidos.

Por que bolas?

É interessante pensar no significado das bolas. Elas não têm começo nem fim. Está associado à própria vida. Paradoxalmente, contém o inovador *versus* conservador. Em cada cultura as bolas podem representar uma forma arquetípica: sol, terra, lua, universo. Sugere energia e poder.

Oferece segurança e totalidade. A bola é algo que contém. É o uso da arte para integração. Os artistas nos brindam com sua obra de arte, somos por ela tocados.

Outeiral (2002), na apresentação dizia que "O certo é que a obra de arte nos captura, porque fala de nós mesmos".

Integração

- Nos processos iniciais de desenvolvimento, para que possa ocorrer a Integração, é necessária a relação humana para integrar. Acontece na continuidade da linha de tempo. Envolve cuidados e experiências pulsionais e envolve adaptação à realidade.

Desintegração

- Desintegração é apavorante. É resultado da falha de *holding*.
- Envolve defesa altamente sofisticada produzida pelo bebê, e não pelo ambiente.
- A falha ocorre no estágio de dependência absoluta em que o bebê não tem meios de perceber o cuidado materno. Precisa que a mãe se adapte às suas necessidades.
- Mas certo grau de integração pode ser alcançado.

Não integração

- Não é apavorante, não é doença, é precursora da capacidade de relaxar, de ficar só, um momento de relaxamento e conforto.
- Está associada ao ser e à criatividade.

- Na medida em que o apoio egóico da mãe é confiável, o bebê torna-se capaz de permanecer algum período não integrado, sem ameaças.
- Corresponde aos estados mais tranquilos do bebê.

Criação e criatividade

Winnicott ressaltou o tema do viver criativo independente da capacidade de se gerar obras de arte. Seria uma capacidade de transitar dentro e fora, de abandonar-se a estados não integrados com a confiança de uma reintegração por causa das experiências anteriores de previsibilidade.

Para ele, a criação pode ser um quadro, uma obra, um jardim, uma escultura, uma sinfonia. Enquanto que a criatividade envolve a abordagem do indivíduo, a realidade externa. Relaciona-se ao estar vivo e viver criativamente, que é o passaporte para a saúde mental.

> *"Eu sou a desintegração."* (OUTEIRAL; MOURA, 2002, p. 149)

Aspectos psicológicos

Sensações de vazio e uma postura reativa frente à ameaça de desintegração vão comprometer a possibilidade de um viver criativo.

Para Kusama, essa Desintegração aconteceu ainda que suas criações tenham a autenticidade de uma verdadeira obra de arte.

Tentou duas vezes o suicídio por se sentir incapaz de pintar, desiludida e deprimida. Mas parece que o desejo de Kusama de criar sempre foi maior do que seu desejo de morrer. Ela acabou encontrando um hospital onde os médicos trabalhavam com arte terapia e que a acolheram. Nesse ambiente seguro, se viu capaz de transformar novamente seu trauma em arte. A obsessão infinita é sua marca registrada.

A obra se torna uma busca desesperada de um *self* integrado, e não o reflexo de uma Integração. Para ela, essa Integração não foi possível. A artista buscaria a construção de si próprio nas manifestações artísticas, ao mesmo tempo em que se expõe à admiração do espectador numa tentativa de se construir através do olhar do outro.

> *"Nunca trate um psicótico como louco mas sim como um artista sem obra de arte."* Lygia Clark

CAPÍTULO 4

Escritores

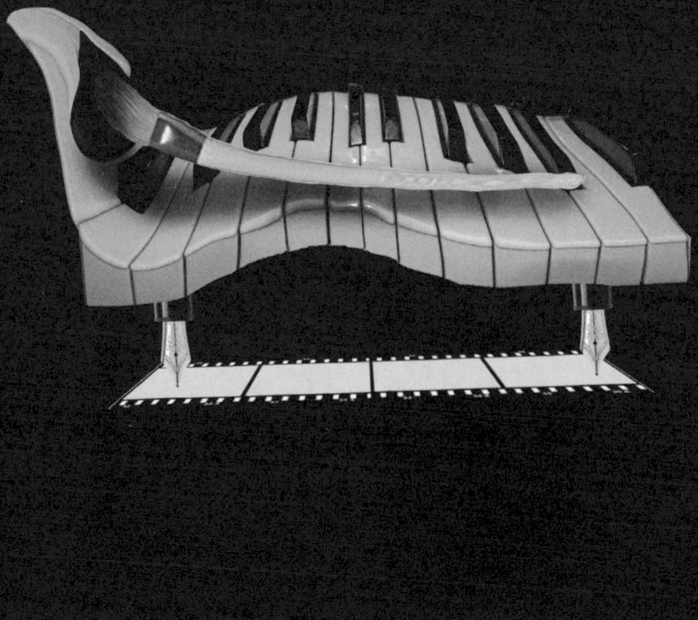

I. Lewis Carrol: Perversão

Vamos iniciar este capítulo situando sobre quem foi Charles Dogson até ele se tornar Lewis Carroll.

Seu pai era um sacerdote rígido e conservador. Sobre a mãe, não temos muitas informações. Dogson teve três irmãos e sete irmãs; desses, somente três se casaram. Até os 11 anos, ele passou a vida no campo; dos 14 aos 17 anos, ficou no internato de uma escola pública de Rugby. Parece que o internato foi uma experiência brutal, pois era gago, delicado, de aspecto feminino.

Viveu uma dualidade. Mostrava-se extremamente puritano como o pai em todas as manifestações religiosas. Vestia-se inteiramente de preto e era obsessivo. Graças à matemática (escreveu 25 tratados na área) viveu 47 anos na Universidade de Oxford, onde lecionava. Por outro lado, era paradoxalmente criativo e transgressor, amante da fotografia, escritor e criador do *nonsense*, o humor do absurdo. Esse lado pragmático, presente nos anglo-saxões, permite que sejam tão terrivelmente conformistas quanto originais.

Aos 24 anos conheceu Alice que, na época, tinha 4 anos. Primeiramente ele ficou encantado pela irmã mais velha de Alice, Lorina, que tinha 7 anos; a mais nova, Ethel, tinha 2 anos. Passou a frequentar a casa delas todos os dias, tirava fotos e dava presentes. Com o passar dos anos, Alice se tornou a preferida.

Quando Alice tinha dez anos, Dogson contou às meninas uma incrível história protagonizada por uma Alice que caía dentro da cartola de um coelho branco. Entusiasmada, ela pediu que ele lhe escrevesse o conto e a presenteasse. E assim surgiu, em 1862, "*As aventuras de Alice debaixo da terra*".

Quando Alice estava com 11 anos e ele com 31, pediu a mão da garota à Sra. Liddell; foi repudiado e houve uma ruptura em 1863.

Mas, e Alice?

Foi uma mulher bonita e sedutora, com olhos de expressão profunda. Tanto que Leopoldo, filho mais novo da rainha Vitória, apaixonou-se por ela, mas não podia casar-se com uma plebeia. Assim, ela se casou com um jovem bonito, mas comum, e teve uma vida convencional.

Enquanto isso, Dogson levava uma vida cada vez mais excêntrica. Publicou até mesmo o livro com as fotos que havia tirado, chamado *Meninas*.

Nesse ínterim, publicou *Alice no país das maravilhas*. O livro foi um sucesso e facilitou muito suas investidas. Com esta obra, assume o codinome Lewis Carroll, em homenagem à Alice – um jogo fonético das iniciais "L"e "C".

A escritora Rosa Montero (2005, p. 146), no livro *Paixões*, diz: "Assim foi transcorrendo sua existência, em uma sucessão de meninas que se sentavam em seu colo e logo cresciam e o abandonavam".

A vida de Carroll foi melancólica, vivida na fronteira. Segundo os indícios, quando morreu de pneumonia, aos 75 anos, ainda era virgem.

Em 1885, quando tinha 53 anos e Alice 33, Dogson pede o manuscrito original de "*As aventuras de Alice debaixo da terra*" e escreve:

> "*Minha querida senhora Hargreaves, suponho que isto lhe soará como uma voz de além-túmulo, depois de tantos anos de silêncio: e no entanto... minha imagem mental daquela que foi, durante tantos anos, minha menina-amiga ideal, é mais vivida que nunca. Tive montes de meninas-amigas desde então, mas todas foram outra coisa.*" (Montero, 2005, p. 146)

Em 1928, com 76 anos, Alice teve que leiloar esse manuscrito, pois estava arruinada.

As ideias de Masud Khan sobre perversão

Vamos pensar agora na questão da Perversão em Psicanálise, mais especificamente como Masud Khan a entende.

A etimologia da palavra Perversão resulta dos étimos latinos *per* e *vertere*, que significam "pôr às avessas", "desviar", designando que os sujeito perversos perturbam o estado natural das coisas, mas poucos sentem culpa.

Khan, assim como Winnicott, está mais interessado nas influências ambientais. Na etiologia, consideram as perversões como uma falha maturacional no processo de interação do ego, em razão de perturbação na relação mãe-bebê. O bebê pode ter sido cuidado por uma mãe amorosa, mas incapaz de compreender seu filho como alguém que necessita desenvolver uma Personalização. São mães que têm um cuidado impessoal no *handling* do corpo de seu filho: assim ocorre o fenômeno da Idolização, em que o perverso trata o objeto como um fetiche sagrado. Desde cedo, os perversos estão identificados com a visão de suas mães, como se eles fossem coisas. Não uma pessoa total, mas como se fossem pedaços.

Outeiral (1999, p. 64) afirma:

> [...] por causa desses cuidados insuficientes, e da incapacidade para brincar e da ausência da transicionalidade, os perversos fazem uma *collage* parcial e compensatória de aspectos, bocados e pedaços idealizados dos cuidados corporais que receberam de sua mãe e internalizam esta realidade psicótica através do que Khan denomina "objeto interno confrontado".

Os objetos transicionais que aparecem no desenvolvimento normal da infância se convertem na vida adulta em relações sexuais perversas com objetos humanos e não humanos. Pressupõe uma falência do *holding* e a predominância do Fazer.

Para Khan, o objeto interno confrontado é simbolizado pelo objeto fetichista, pela situação esteriotipada ou pela fantasia repetitiva, cujo resultado é impedir a relação do perverso consigo mesmo e com os outros, impossibilitando qualquer encontro. Assim ele atua.

Consideramos a pedofilia (*paidós* = "criança" + *philos* = "amigo de") como uma patologia da Perversão. Há uma identificação do adulto com a criança objeto do desejo. Quando o perverso seleciona um cúmplice, este é invariavelmente procurado por ter um tipo de experiência similar. Ele constantemente precisa acumular testemunha para seus atos parecendo ser este seu método de comunicação preferido.

O perverso atua os impulsos que o neurótico reprime; é uma forma em que a erotização busca o sentido de realidade.

No livro *Alienação e perversão*, Khan basicamente considera que o perverso coloca um objeto impessoal entre seu desejo e seu cúmplice: este objeto pode ser uma fantasia estereotipada, um artifício ou uma imagem pornográfica. Os três o alienam de si mesmo e do objeto de seu desejo.

Na Perversão, a alienação vem do *self* e dos instintos. Por isso ele pode usar os objetos. Ele busca encontrar a personalização através da elaborada maquinaria das experiências sexuais. A insaciabilidade seria outra característica da vida sexual do perverso.

Outro ponto interessante refere-se à intimidade impessoal. Khan considera que a perversão age como uma barreira contra a intimidade (ou qualquer relação real). É necessária porque o perverso busca utilizar o outro somente como parte de seu sonho. Por isso é o modo de relação objetal preferido pelo perverso. Ele tem medo da proximidade emocional. A intimidade criada nessas relações seria uma espécie de autoerotismo a dois, com vistas a compensar a insuficiência dos cuidados maternos. Há uma ausência total de prazeres compartilhados.

Aspectos psicológicos

Parece que Lewis Carroll foi criado como as sete irmãs. Ele não pôde ser visto como alguém do sexo masculino. Curiosamente, dos três filhos homens somente eles, assim como as seis irmãs, tiveram gagueira, o que indica dificuldade na expressão da agressividade. Dos onze filhos somente três conseguiram casar e desenvolver uma vida adulta.

Ele sempre gostava de estar entre meninas de 9 e 12 anos. Dizia, brincando: "Adoro os meninos, com exceção dos meninos" (Montero, 2005, p. 142).

Não foi possível, para Lewis, o processo de Personalização, ele se tornou um filho "coisa". Impossibilitado de relacionar-se com o outro, tratava o objeto como fetiche. Isso aconteceu com as fotos que tirava das meninas. Essa erotização através da imagem pornográfica das fotos era o modo de buscar sentido para a relação. O perverso usa o outro somente como parte de um sonho. É o modo de relação objetal preferido pelo perverso. Ele tem medo da proximidade emocional.

Parece que tinha necessidade de mostrar ao mundo as fotos, as pinturas das meninas, acumulando testemunhas, pois o perverso atua impulsos que o alienam de si mesmo.

Outro ponto interessante refere-se à intimidade: existe uma barreira cujo objetivo é impedir a relação dele consigo mesmo e com os outros, impossibilitando qualquer encontro ou uma relação compartilhada.

Lewis selecionou um cúmplice, que é procurado por ter um tipo de experiência similar. Talvez visse em Alice semelhanças: ela era a filha do meio, de uma família só de meninas. Tinha uma mãe que demorou a perceber e a protegê-la dele.

A insaciabilidade seria outra característica da vida sexual do perverso. Winnicott faz uma referência à Perversão como sendo uma manifestação da tendência antissocial. É como um pedido de ajuda para alertar o ambiente da experiência primitiva da deficiência materna do perverso talvez por isso não temos dados da relação com a mãe. A perversão só pode desaparecer quando esta lacuna é preenchida porque houve quebra da continuidade da provisão ambiental.

Como um homem tão doente conseguiu paradoxalmente produzir uma obra tão criativa como *Alice no país das maravilhas*? Não podemos esquecer que, a criação de um livro não é o mesmo que criatividade, que é o viver criativo.

II. Clarice Lispector: Mergulho nas profundezas do ser

"Tenho certeza de que no berço a minha primeira vontade foi a de pertencer...eu, de algum modo devia estar sentindo que não pertencia a nada e a ninguém." (Lispector, 1968, p. 110)

O "pertencer", do latim *pertinescere*, significa "ser parte de,ter relações". Para Lispector, pertencer é viver. Não decorre apenas de ser fraca e precisar unir-se a alguém mais forte, mas a querer pertencer para que sua força se fortifique.

Esse pertencer pode ser construído através da troca e olhares estruturantes. Winnicott (1975, p. 157) dizia que "Ao olhar sou visto, então existo". A mãe é essencial para a teoria do desenvolvimento emocional de Winnicott. Para ele, a fim de olhar criativamente e ver o mundo, o indivíduo antes de tudo deve ter internalizado a experiência de ter sido olhado pois o precursor do espelho é o rosto da mãe.

Lispector também fala do espelho, quando diz que não há homem ou mulher que tenha olhado ao espelho e se surpreendido consigo próprio. Ela diz: "[...] a gente se vê como a um objeto a ser olhado... a isto se chamaria talvez de narcisismo, mas eu chamaria de: alegria de ser, alegria de encontrar na figura exterior os ecos da figura interna: ah, então é verdade que eu não me imaginei, eu existo." (Lispector, 1999, p. 23).

A escritura existencialista de Lispector, influenciada pelos ventos da fenomenologia existencialista, nos rastros de Heidegger e de Sartre, propunha um conhecimento do homem e do mundo a partir da própria existência, tendo como ponto de partida o Eu, que só adquirindo consciência de si mesmo passa a se descobrir como um ser no mundo ou um ser com os outros. É a existência humana entendida como busca da sua verdade autêntica, único caminho que através da palavra poderá revelar ao ser humano a sua própria razão de existir.

O percurso na escrita de Lispector revela as etapas da ascensão de ser em busca da vida autêntica. Sentir ou pensar a vida? Qual o caminho certo? Lispector tenta os dois e em sua escritura se sucedem as personagens que apenas sentem. Há, em seus romances, a tentativa desesperada de responder à pergunta fundamental do ser humano: "Quem sou eu?".

Poderíamos brincar de pensar sobre o conceito de "ser" entre estes dois autores.

É surpreendente, pois Lispector usa exatamente esta expressão "alegria de ser", e Winnicott enfatiza que a partir da experiência de "ser" desenvolve-se a capacidade de "viver criativamente" e de "brincar", aspectos da integração pertencentes ao elemento feminino. A cultura está situada no coração do "ser".

O "ser" se localiza no centro de qualquer experiência de vida. Na verdade, se não tiver a oportunidade de tão somente "ser", seu futuro não pode se mostrar promissor em termos de qualidade emocional de vida. Assim, ele vai sentir-se vazio. "Após ser - fazer e deixar se fazer mas SER, antes de tudo" (WINNICOTT, 1995, p. 120).

Atualmente as angústias presentes são mais do tipo Hamlet do que edípicas. "Ser ou não ser", eis a questão.

Lispector (1999, p. 111), no seu texto sobre "Pertencer" refere que "Quase consigo me visualizar no berço, quase consigo reproduzir em mim a vaga e no entanto premente sensação de precisar pertencer. Por motivos que nem minha mãe nem meu pai podiam controlar, eu nasci e fiquei apenas: nascida".

Quando sua mãe a teve já estava bastante doente, e havia, na época, a crença de que ter um filho curava a mulher de uma doença. Só que isso não aconteceu.

> [...] fizeram-me para uma missão determinada e eu falhei. Como se contassem comigo nas trincheiras de uma guerra e eu tivesse desertado. Sei que meus pais me perdoaram eu ter nascido em vão e tê-los traído na grande esperança. Mas eu, eu não me perdôo. (Lispector, 1999, p. 111)

O início não começa com a mãe e o bebê. O início começa no ato de concepção do bebê, que é realizado pelo pai e pela mãe. Esse é o início. Parece que desde o princípio, Clarice sentiu que não atendeu às expectativas destes, o que no caso eram mágicas, nenhum bebê seria capaz de curar uma mãe doente.

Podemos pensar que o bebê ao olhar para sua mãe não vê a si próprio, mas a um olhar desvitalizado da mãe. Assim, a tristeza da mãe e a diminuição do interesse pela criança estão em primeiro plano como marca registrada do batismo. Para Green (1980), o traço essencial desta depressão é que ela se dá na presença de um objeto, ele mesmo absorto num luto. A mãe morta, caracterizado pelo desinvestimento no objeto materno, ocasiona a vivência de buracos psíquicos. O complexo da mãe morta gera um desastre, um núcleo frio, uma morte parcial no bebê. Como consequência, o bebê se identificará com as características desvitalizadas da mãe.

O analista Lourival Coimbra (1999) deu uma opinião interessante sobre Lispector: "Clarice dá tanto aos outros, e no entanto, pede licença para existir".

Quando Lispector tinha 5 anos sua mãe, Marieta, ficou paralítica. Aos 8 anos teve um único carnaval com fantasia, feita pela mãe de uma amiga com restos de papel crepom, uma fantasia de rosa. Estava feliz, pois pela primeira vez ia brincar de "ser outra que não eu mesma".

Esse brincar de se fantasiar de rosa nesse momento foi muito importante, pois a brincadeira é própria da saúde, constitui-se na constante evidência da criatividade, o que implica estar vivo.

Ela torcia para que não chovesse nesse único dia mágico, mas a mãe de súbito piora e ela tem que sair correndo para comprar remédio na farmácia. Lembra que a alegria dos outros na rua a espantava. Depois de horas sua mãe melhora, mas Clarice diz que neste dia algo morrera nela: ela "tinha desencantado".

> "Na minha fome de sentir êxtase, às vezes começava a ficar alegre, mas com remorso lembrava-me do estado grave de minha mãe e de novo eu morria" (Lispector, 1999, p. 85).

Com 10 anos de idade, Lispector perde a mãe.

Em setembro de 1966, Lispector passou por uma experiência traumática, dormiu com um cigarro acesso e sua casa sofre um incêndio. Ficou três meses hospitalizada, com a mão direita gravemente ferida, quase teve que amputá-la. Lispector morreu em 1977, um dia antes de completar 57 anos, de um câncer no ovário: "Morrer será um dos atos mais importantes da minha vida. Quero morrer dando ênfase à vida e à morte." (Lispector, 1999, p. 102).

Outro ponto em comum entre estes dois autores: Winnicott também, ao perceber a proximidade da morte, descreve no texto *Not less than everything*, imaginariamente, sua morte: "Estive morto. ... meu Deus, faz com que eu viva o momento de minha morte!" (Winnicott, 1989).

Tanto Winnicott quanto Lispector nos presenteiam com textos profundos, carregados de sabedoria. Guimarães

Rosa, contemporâneo de Clarice, dizia que lia seus livros não para a literatura, mas para a vida.

A psicanálise, a arte, o espaço potencial nos possibilitam descobrirmos e nos perdermos ao mesmo tempo, mas o importante é sempre acreditarmos na caixa de Pandora onde, lá no fundo, se encontra a esperança. Pode ser a esperança de encontrarmos a nós mesmos.

Aspectos psicológicos

Lispector teve uma mãe doente, deprimida. Nasce de uma crença de ambos os pais de que uma criança poderia curar alguém da morte, o que fatalmente não aconteceu, ocasionando uma culpa em Lispector. Ela acreditava que só foi nascida. Imagine que olhar essa mãe pode refletir? Somente o olhar de uma mãe psiquicamente morta, desvitalizada.

Quando tinha 5 anos, sua mãe ficou paralitica, e com 10 anos ela morre. Ela sentia constantemente a sensação de não pertencimento, quase pedindo para existir. Seu pensamento sempre era: "Eu morri.".

Ela sofreu do luto branco que André Green (1990) chama de complexo da mãe morta, em que há um desinvestimento massivo, que deixa marcas no inconsciente sob forma de buracos psíquicos que serão preenchidos por reinvestimentos de destrutividade. Isso pode explicar o acidente em que ela esqueceu o cigarro acesso e quase morreu.

CAPÍTULO 5

Cartunista

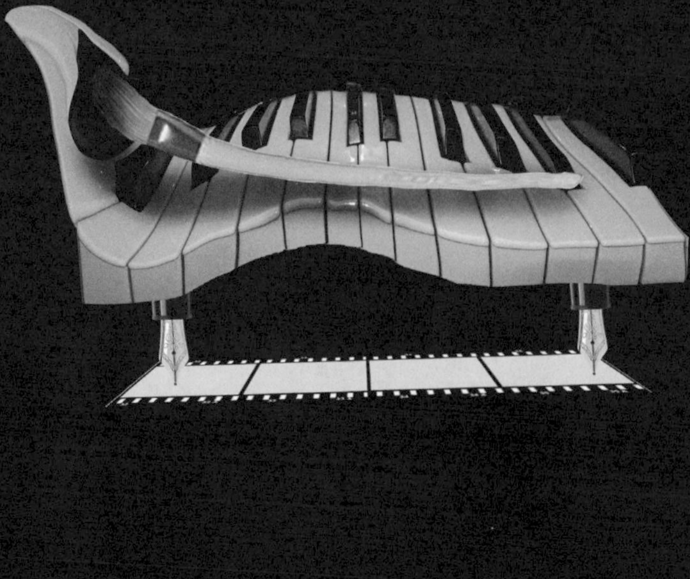

I. Charles Schulz: Império de um só

"Se uma pessoa ler minhas tiras, ela me conhecerá." (Schulz, 2015)

Vida

Nasceu em 26 de novembro de 1922, em Mineápolis. Morreu em 12 de fevereiro de 2000, de ataque cardíaco. Teve também câncer que virou metástase. Cartunista, criador de personagens como Charles Brown, Snoopy e Linus.

Mãe: Dena Schulz

Garçonete, fria, evasiva, debochada, arrogante, senso de superioridade, humor cruel, vestia se sempre de preto. Inconstante: cheia de alegria num minuto, no outro indiferente.

Sua mãe Dena disse: "Provavelmente, nós nunca mais nos veremos." (Schulz, 2015, p. 139)

Serviu de mãe para seus nove irmãos. Tinha orgulho de ser o centro. Quando conheceu Carl, seu futuro marido, mentiu a idade. Na verdade, tinha 27 anos, considerada uma idade velha para uma noiva. Dizia que o rosto do filho lembrava um cavalo desafortunado. Na superproteção da mãe há uma ambivalência de sentimentos de amor e de ódio, o que impede o crescimento. Quando o filho tinha 16 anos, em 1938, teve início o câncer de colo do útero. Em 1942, quando Schulz tinha 20 anos, morre.

> *"Nunca vou superar. Foi a pior noite de minha vida, minha maior tragédia."* (Schulz, 2015, p. 19)

Pai: Carl Schulz

Nasceu na Alemanha. Proprietário de três barbearias. Mantinha-se ereto, sorridente, pronto para atender. Seu lema era a boa aparência compensa. Trabalhava muito. Nunca tirou férias. Ambicioso e ocupado demais para ser romântico. Teve colapso e úlcera. Tinha medo de lugares abertos.

Infância

Filho único. Não corria, não se arriscava, não fazia coisas de menino, sensível. Sentia-se ameaçado pela zona rural, bruta e rude. Com quatro anos começou a usar óculos. Com seis anos sua mãe o vestia com terno de veludo, tinha que ficar comportado e asseado. Vestia o que a mãe quisesse, sem reclamar. Era obsessivo, os carrinhos e papeis tinham que estar no lugar. Tamanho menor o tornava quase uma menina. Mas com uma caneta se tornava fora do comum.

> *"Sempre me considerei um menino da cidade."* (SCHULZ, 2015, p. 32)

Por que solidão?

Por toda a vida se sentiu sozinho. Sensação dolorosa de que a coisa que ele mais precisava tinha sido tirada dele. Quando pediam que falasse da sua vida, começava pela morte de sua mãe e a partida no dia seguinte para a guerra. Quieto, deprimido, absorto em seu mistério. Apresentava relação simbiótica com sua mãe, nunca havia viajado sem ela. Não tinha visto o mar. Era um estranho para o mundo

Olhar

> *"Não deixo o mundo me ver."* (SCHULZ, 2015, p. 10)

Schulz dizia que os personagens que criou eram todos parte de sua própria vida.

Sempre que exibia agressividade, vitalidade, independência ou espontaneidade era podado por alguém e se acomodava. Não queria conflitos. Dizia que os adultos eram especialistas em manter as tampas colocadas para que as crianças crescessem iguais, normais.

> *"Nem ao menos uma professora jamais me Perguntou: Qual é o problema, Charles?"* (Schulz, 2015, p. 71)

A conversa não era praticada em casa. Achava que todos eram desconhecidos. Tinha muito medo de ser chato. O pensamento que aprendeu com a avó: *"Se você estiver alegre demais hoje, algo de ruim acontecerá a você amanhã"* (Schulz, 2015, p. 81). Tia Marion era a única da família que nunca o julgava. Deixava-o seguro de que ele era merecedor de amor. Procurava não pertencer a lugar nenhum. Satisfeito em não ser visto.

> *"Minha aparência comum foi um disfarce perfeito."* (Schulz, 2015, p. 65)

Snoopy

O primeiro cão da família foi Snooky, que morreu atropelado por um táxi. Depois veio Spike, branco com manchas negras, mais pointer do que beagle. Sabia tocar campainha sem ser treinado, mas era malvado. E o último foi Snoopy, vocábulo carinhoso em norueguês.

> *"Por que não posso ter um cão normal como todo mundo?"* (Schulz, 2015, p. 104)

Adolescência

Não parecia se dar bem com as garotas, pois era tímido. Tinha dois amigos: Jim, com belos traços e cabelos loiros, por quem a mãe Dena demonstrava afeição, e Charles Brown, o único colega com quem conseguia conversar sobre desenho. Na volta para o lar, teve decepção: quando voltou da guerra ninguém lhe deu abraço.

Conheceu Virginia Howley, morena linda, estagiária na escola de enfermagem, e teve orgulho de tê-la conquistado sozinho. Sentia que tinha se tornado alguém.

Casamentos

1. Joyce, com 19 anos, fugiu para Novo México. Teve paixão por um caubói, foi abandonada e teve uma filha. Quando conheceu Schulz, tinha 22 anos. Linda, com cabelos loiros avermelhados, seios torneados, magra, olhos azuis. Mandona, irrequieta, viking, corajosa, orgulhosa, determinada, conversadeira, ambição de ser musicista.

2. Jeannie tinha 33 anos, casada, mãe de duas crianças. Inteligente, culta, gostava de ler, de estudar. Queria experimentar tudo. Procurava por alguém que ajudasse a mudar o mundo. Bomba bronzeada de energia. Era 16 anos mais nova. Satisfação sexual. Schulz queria alguém que o quisesse. Feminina, com curso superior. Combinavam. Ela evitava magoá-lo. Era um pacto de não agressão.

> *"De repente aparece uma pessoa e você morre de vontade de conhecê-la. O que é isso?"* (Schulz, 2015, p. 494)

Nova vida

Com o casamento com Jeannie, trocou o golfe pelo tênis. Participavam de jogos em duplas. Transformou-se. Ficou mais sociável. Feliz de ter aulas de dança de salão. Os filhos não se davam bem. E eles não sabiam muito bem como lidar com essas diferenças, pois ambos eram filhos únicos. Jeannie era difícil de controlar, tinha necessidade constante de viajar. E Schulz tinha pânico de viajar, e com medo da morte passou a querer ficar protegido em casa. Com sentimento de solidão que o acompanhava por toda a vida.

Quando envelheceu, passou a ser amado pelas mulheres. Tinha muitas alunas como Johnston que era sua fã. Tinha necessidade de se apaixonar. E Jeannie sabia disso e não se importava.

Personagens

Charles Brown: filho de barbeiro assim como ele. Desejo de ser aceito pelo baseball. Porta voz para a imprensa.

Snoopy: beagle de estimação.

Lucy: sua primeira ex-mulher mandona que insistia que ele precisava de análise.

Linus: trazia a sensibilidade para falar da literatura, arte, música. Tinha um objeto transicional o cobertor que acalmava e tinha vida imaginativa.

Schroeder: disciplina interna, era alemão e rígido como o pai. Usava a música para justificar a solidão.

Patty Pimentinha: má aluna, dormia nas aulas, bom humor, masculina, protetora e justa.

Morte

> *"Quando se tem a minha idade, tudo em volta de você está morrendo. Tenho tanto medo de morrer!"* (SCHULZ, 2015, p. 557)

Jeannie chegou a perguntar para Schulz qual a música ele gostaria que tocasse na sua missa. Teve uma aorta abdominal bloqueada e câncer no cólon.

> *"Será que minha mãe me amou suficiente? Minha mulher? E Deus?"* (SCHULZ, 2015, p. 571)

Aspectos psicológicos

Shulz parece ter tido uma mãe inconstante.Em alguns momentos, mostrava alegria, e, de repente, indiferença. Foi uma mãe superprotetora, que estabeleceu relação simbiótica e de dependência.

O pai só trabalhava. Nunca tirou férias.Vivia para trabalhar. Tinha fobia de lugares abertos.

Ele se sentia desprotegido, filho único, não se arriscava devido à baixa autoestima. Preocupação excessiva em ser bonzinho, manifestava falso-*self* como defesa com desejo de ser aceito e amado. Sua avó era pessimista, dizia que se estivesse alegre demais hoje com certeza algo de ruim ia acontecer no dia seguinte. Ou seja, não podia demonstrar alegria. A única da família que não o julgava era a tia Marion. Deixava-o seguro de que ele era merecedor de amor. Parece que ela foi a fonte de amor.

Apresentou comportamentos obsessivos com preocupação excessiva com organização. Nada podia sai do lugar. Fixação fase anal na tentativa de controle.

Acostumou-se a não ser visto. Não foi possível uma função especular. Ele sempre esteve atento a ver o outro e não a si mesmo. Procurava não pertencer a lugar nenhum como formação reativa pois na verdade não experimentou a sensação de pertencimento.

Casou-se com duas mulheres fortes, dinâmicas e individualistas. Nenhuma dessas características ele tinha.

Fóbico com viagens: chamava de melancolia. Medo de morrer. Acreditava que estaria mais seguro em casa. Tinha sentimentos profundos de solidão e retraimento.

CAPITULO 6

Filmes

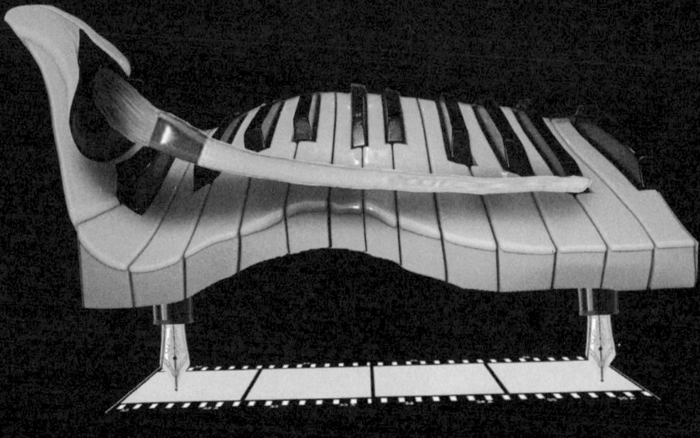

I. Zelig: Falso self

Woody Allen, no filme *Zelig*, de 1983, apresenta com maestria o indivíduo falso *self* através do personagem de mesmo nome. A principal característica é a imitação. Ele se torna um camaleão humano, comportando-se como as pessoas à sua volta.

Para Winnicott (1993, p. 130): "a função do falso *self* é ocultar e proteger o self verdadeiro". É sempre o resultado de uma defesa, uma dissociação.

Leonard Zelig tenta adaptar-se excessivamente ao outro. Em contato com outra figura humana, procura assumir sua personalidade. Procura falar do que o outro gostaria de ouvir. Se conversa com um obeso, torna-se obeso e só fala sobre comida. Quando fala com um índio, passa a defender questões indígenas.

Começa a ser tratado pela psicanalista Dra. Fletcher (interpretada por Mia Farrow), que descobre que para se sentir pertencente e ser aceito, usou da mentira para existir. Faz como proteção de si, mas acaba servindo de espelho para os demais, pois reflete o outro ao outro.

Na imitação, Zelig e tantos outros Zeligs tentam ser o objeto, pois o falso *self* dá a sensação de futilidade, de vazio, de não se sentir real. Este *self* verdadeiro que fica oculto sofre um empobrecimento devido da falta de experiência.

No filme *Gênio Indomável* (1997) o personagem de Matt Damon diz: "*É* melhor ser ninguém de verdade do que ser alguém de mentira".

O próprio Winnicott (1960), no artigo *"Distorção do ego em termos de falso e verdadeiro self*, inicia o texto formulando algumas perguntas clínicas que acho interessante discutir:

Como aparece o falso *self*?

A participação da mãe é fundamental. Um self verdadeiro começa a ter vida, através das experiências de onipotência que o bebê pode ter pela presença da mãe suficientemente boa. Quando a mãe falha repetidamente em satisfizer o gesto do bebê, ela o substitui por seu próprio gesto, ocasionando uma submissão do bebê que é o estágio inicial do falso self. O bebê passa a tentar se antecipar aos humores da mãe e às invasões pulsionais.

Qual é sua função?

A função defensiva é ocultar e proteger o *self* verdadeiro. O falso *self* se implanta como real, é isso que os observadores tendem a pensar que é a pessoa real.

Defende o *self* verdadeiro e assim é permitido a ele ter uma vida secreta.

Tem como interesse principal a procura de condições que tornem possível ao *self* verdadeiro emergir. Suicídio pode ser a destruição do *self* total para evitar o aniquilamento do *self* verdadeiro.

É construído sobre identificações.

É representado pela organização integral da atitude social polida e amável.

Porque o falso *self* é exagerado em alguns casos?

Existem graus de falso *self*. Quando o falso *self* predomina, há pouca capacidade para o uso de símbolos, e uma pobreza de vida cultural. Nesses casos o indivíduo tem uma sensação de irrealidade e um sentimento de futilidade que oculta o verdadeiro.

Quais são os equivalentes do falso *self* nas pessoas ditas normais?

Pelos processos naturais, o bebê desenvolve uma organização do ego que é adaptada ao ambiente, mas isso não acontece automaticamente só pode ocorrer se antes o *self* verdadeiro se tornou uma realidade viva, por causa da adaptação suficientemente boas da mãe às necessidades vividas pelo bebê. Há um aspecto submisso do *self* verdadeiro no viver normal, uma habilidade de se submeter e de não se expor. Essa habilidade de conciliação é uma conquista.

Quais são as características do falso *self*?

Submissão. Imitação. Sensação de irrealidade. Sentimento de futilidade. Pobreza da vida cultural. Não existência.

O que pode ser denominado de *self* verdadeiro?

O gesto espontâneo é o *self* verdadeiro em ação. Somente o *self* verdadeiro pode ser criativo e se sentir real. É o oposto da não existência. O *self* reconhece essencialmente sua existência nos olhos e na expressão do rosto da mãe. Winnicott afirma que o *self* não é o ego, é a pessoa que é o eu, que não é mais do que eu.

Acredito que uma ampla faixa de nossa clínica é hoje constituída por um número maior de Hamlets do que Édipos. Essas conflitivas hamletianas ("Ser ou não ser!") são questões atuais da contemporaneidade e da subjetividade.

Aspectos psicológicos

Zelig é um camaleão humano que muda de cor para se proteger. Fica tão igual que não é percebido. E torna-se especialista nisso. Busca a imitação para não correr riscos.

Adapta-se excessivamente ao outro para ser amado e aceito. Transforma se em quem está por perto. Fala o que ele acha que as pessoas esperam dele. Só se sente seguro sendo como o outro. Há um empobrecimento do próprio *self.* De tanto colocar uma máscara ele não sabe mais o que pertence a ele o que é do outro. Sua existência é a não existência.

II. Birdman: O homem pássaro

Ou seria o homem querendo voar, querendo ter asas próprias?

Neste filme de Alejandro González (2014), Riggan Thomson é um ator que se consagrou fazendo e sendo um personagem, Birdman. O filme termina, mas Riggan não consegue mais deixar de ser "o" personagem. Luta para ser aceito como ele mesmo, mas não consegue ser visto sem máscaras.

Winnicott afirma: como é triste se esconder e não ser encontrado.

Ao ensaiar a sua peça da Brodway, as falas que mais usa são:

- *"Eu não existo"*.
- *"...a verdade é conquistada"*
- *"Que nada é problema no palco"*.

E fora do palco? Qual o problema?

Oscar Wilde, em 1890, no livro *O retrato de Dorian Gray*, fala que a máscara é mais reveladora do que um rosto e que o disfarce intensifica sua personalidade. O personagem com toda angústia se questiona porque sempre implora por amor tentando ser alguém que não é.

Winnicott nos convida a pensar essa questão através do conceito criado por ele de falso-*self*. É sempre o resultado de uma defesa, uma dissociação que tem como objetivo ocultar o verdadeiro *self*. Há uma adaptação excessiva ao outro em detrimento de suas próprias necessidades. Isto ocorre pelo desejo de ser amado e aceito. Só se sente seguro sendo como o outro espera que ele seja. Sua existência é uma não existência.

Birdman tenta ser o objeto, pois o falso dá a sensação de futilidade, de vazio, de não se sentir real. O *self* verdadeiro que fica oculto sofre um empobrecimento derivado da falta de experiência. Ele diz: *"Eu não existo, nem estou aqui"*.

Ele tenta, arrisca, porque não quer uma vida vazia. Mas as vozes, as alucinações auditivas e visuais o perseguem. Mas ao mesmo tempo são suas principais companhias.

O filme passa num tempo moroso, lento, arrastado porque é assim que Birdman sente sua vida passar. Quando finalmente chega a apresentação acidentalmente fica nu, é clicado, cai na rede social e vira fenômeno, vira viral, de ultrapassado vira atual.

No meio da peça, dá um tiro de verdade em seu nariz, as pessoas aplaudem efusivamente. Chocante! Ele vai para o hospital, sua filha vai visitá-lo e o fotografa, vira sucesso de novo! "Bomba... novamente. Esta é a virtude da ignorância.

Aspectos psicológicos

Curioso porque o tiro que dá, é justamente no nariz que é um símbolo fálico que representa poder masculino. Ao olhar no espelho vê o novo nariz implantado bem grande e que tem o formato do nariz de Birdman.

Winnicott (1975) diz: "Quando olho, sou visto, logo existo!". Mas Riggen não podia existir. Ele busca existir através do único gesto verdadeiro: o suicídio, que pode ser a destruição do *self* total para evitar o aniquilamento do *self* verdadeiro. Ele abre a janela e voa. Quando sua filha volta para o quarto e vê que o pai sumiu olha para fora da janela e ao invés de olhar para o chão, olha para o céu e sorri, pois, finalmente, Birdman pode voar.

Impactante filme, mas mais impactante é não poder existir verdadeiramente.

III. Coringa: Privação e Delinquência

Entendendo Coringa

> *"A pior parte de ter uma doença mental é que as pessoas esperam que você se comporte como se não tivesse."* (Fala do personagem no filme *Coringa*)

Ganhador do Oscar 2020 nas categorias de melhor ator e de melhor trilha sonora. Além de 11 indicações.

Neste filme, Todd Phillips ousa ao falar da vida humana do vilão. Sua origem e história de violência. Prato cheio para nós psicanalistas: Privação, Delinquência, patologias, desamparo e colapso.

Atuação impressionante de Joaquim Phoenix não levou o Oscar de melhor ator à toa. Ele consegue dar ao Coringa a dor da humanidade. Retrata a loucura em pessoa. É incrível como ao longo do filme vamos, sem perceber, torcendo para o vilão em detrimento até do herói Batman que perdeu os pais mas tinha o fiel mordomo Alfred sempre presente para ampará-lo enquanto que Arthur não teve ninguém.

A novidade é que é baseado em histórias em quadrinhos de super-herói nas quais o vilão é retratado na sua "fragilidade", mostrando a origem de seus traumas e mostrando quem ele pôde se tornar.

O filme retrata a vida de Arthur Fleck, que apresenta sérios problemas psicológicos como depressão e síndrome de Tourette, que fazem com que ria sem controle, mesmo quando não há motivos.

Trabalha como palhaço sem ser respeitado. É atacado por um grupo de adolescentes, é roubado, agredido e perde o emprego. Faz acompanhamento psicológico no serviço social da cidade de Gotham City, que é interrompido por falta de verba.

Perde o trabalho, o tratamento e as medicações que aliviam sua dor.

Cuida da mãe doente, Sra Fleck, dando banho, alimentando-a. Ela foi internada várias vezes em clínica psiquiátrica por surtos psicóticos, e o tempo todo fantasia que o pai dele é Sr. Wayne, pai de Bruce (Batman). Fleck então acreditava que seria irmão de Bruce. A passagem em que ele está no portão da mansão do lado de fora da grade tentando contato com Bruce e o suposto pai é muito triste. Na verdade, Arthur foi adotado. Descobre pelas fichas da instituição que os namorados da mãe o maltratavam, amarrando-o num radiador. Passou por violência física e psicológica com o consentimento da mãe.

Aspectos psicológicos

Bloqueou todo esse sofrimento de sua mente, não lembrando dessas violências. Apagou tanto que seu apelido era *Happy*. Sra.Fleck achava que seu filho estava sempre feliz porque não reclamava de nada e ainda sorria. Podemos pensar o que representou essa doença do riso em Arthur? O palhaço é aquele que sempre sorri mesmo quando não tem motivos para isso. O sorriso está petrificado em sua face. Uma expressão do falso *self* para ser aceito e amado. Quando descobre a verdade, surta. Mata sua mãe no concreto e no simbólico e se liberta.

Continua sendo zombado até por um comediante e busca vingança matando novamente. Entra em colapso.

Arthur passou por Privação afetiva, o que ocasionou a delinquência. Ele não pode ter um olhar materno que proporcionasse segurança e identidade. Pelo contrário, não foi protegido por essa mãe adotiva da violência de seus namorados. Ela se unia a eles na perversão. Não foi protegido da loucura dessa mãe. E violência gera violência.

Coringa foi vítima do desamparo. As patologias que desenvolveu mostram isso. Ele não pôde ser visto por ninguém. Como é triste se esconder para repouso e não ser encontrado.

IV. A partida: Sobre a morte e o morrer

A partida é filme japonês (2008) do diretor Yôjiro Takita. Recebeu o Oscar de melhor filme estrangeiro de 2009. Há um tratamento dedicado para o tema da morte com contornos comoventes, principalmente do processo de tornar-se humano.

Kobayashi (interpretado por Masahiro Motoki) é um apaixonado violoncelista de uma orquestra em Tóquio. Ao perder o emprego, sente-se perdido, até que resolve retornar à cidade natal para recomeçar a vida junto com a esposa, na casa que pertencia à mãe já falecida e onde passara toda a sua infância. Existia uma mágoa pois, quando tinha 6 anos, seu pai foi embora com outra mulher, abandonando a mãe e ele.

Toda a passagem do tempo é mostrada através da mudança das estações. Na viagem de ida ao interior, Kobayashi vai dirigindo em meio à neve, refletindo sobre sua vida ao som de *Ode à alegria*, de Beethoven. Rubem Alves diz que a música clássica dá alegria e se pergunta se haverá maior explosão de alegria do que a parte final da *Nona sinfonia*, paradoxalmente num momento que Beethoven chegava ao fim, totalmente surdo, faz o coro cantar a mesma *Ode à alegria*, e é a fúria que se põe a cantar a alegria.

Chegando à cidadezinha, responde a um anúncio de jornal em que se busca profissionais que auxiliem jornadas. Pensa que é uma agência de viagem, mas descobre que é para preencher uma vaga como *Nokanshi*. No Japão acredita-se que esse cerimonial de limpar e cuidar do corpo do morto é um sinal de respeito com aquele corpo que não tem mais vida. No filme, ele maquia com o batom que a pessoa mais gostava e até se preocupa em colocar objetos pessoais como um lenço, que era a marca registrada da pessoa em vida. Havia uma delicadeza no cuidado com o morto, na tentativa de resgatar a beleza que existira em sua vida.

Mas ele sofre preconceito das pessoas da cidade, é hostilizado e sua esposa o abandona. Revolta-se e se pergunta por que a vida fez com que ele precisasse ter esse contato com a morte. Questiona se o destino o trouxera de volta para o interior, por que então a mãe morrera sozinha, sem seus cuidados?

Começa a refletir sobre seu passado e chega à conclusão de que vivera até então uma vida sem sentido. Através da morte, começa a descobrir o verdadeiro significado e sentido da vida, de viver. Na passagem do filme em que está numa ponte observando peixes que sobem o rio para morrer, passa um velho senhor, que lhe diz que às vezes é necessário buscar e voltar de onde se partiu.

O filme é cheio de paradoxos. Kobayashi passa por muitas mudanças significativas. Vai do interior do Japão (Yamagata) para a metrópole (Tóquio) e, paradoxalmente, volta para o velho, para a antiga tradição nipônica, do passado, com os mortos.

Através da morte e dos rituais de cuidado com os mortos paradoxalmente encontra a vida através dos novos vínculos, da música que tocava nos momentos de tristeza e solidão. Somos convidados a acompanhar o crescimento do protagonista enquanto vai percebendo a beleza da vida e a preciosidade de cada momento.

Ao voltar para a casa de infância, ouve as músicas que o pai ouvia toda noite, percebe o quanto a mãe, apesar de ter sido abandonada, mesmo assim, durante todos esses anos, cuidou dos discos do pai com cuidado.

O próprio instrumento que tocava, o violoncelo, era um desejo do pai que, gostava muito de música clássica. Lembra da pedra, cujo, sentido era um pedido a cada ano lembrado e renovado. Encontra na caixa do instrumento musical a última pedra que ganhara do pai antes de abandoná-lo, tem sentimentos ambivalentes, não consegue lembrar do rosto paterno.

Recebe a notícia que o pai falecera numa cidade litorânea. Reluta em ir ao seu encontro, mas descobre que ele estava sozinho, com 70 anos, que era trabalhador no cais e que os pescadores lhe tinham dado um quartinho de favor. A única coisa que deixara era um caixa de papelão com seus poucos pertences. Ao ver seu pai sendo jogado em um caixão, sem cuidado nenhum, resolve cuidar dele.

Aspectos psicológicos

No ritual de cuidados com o corpo do pai, ao tocar em sua mão encontra uma pedrinha que era a que ele tinha dado ao pai quando era criança. Nesta hora, ele consegue enxergar novamente seu pai. Paradoxalmente, através da morte, reencontrou o pai.

É uma história paradoxal de amor e ódio; perdas e reencontros; dificuldade e superação; abandono e descoberta. Winnicott afirma que os paradoxos existem para serem descobertos e simplesmente aceitos.

É preciso às vezes voltar para as origens para descobrir coisas que estavam encobertas. O lar é nosso ponto de partida e nosso ponto de chegada.

Este trabalho e este livro representam uma volta à minha origem japonesa, aos rituais da cultura, ao meu reencontro com meu pai que me ensinou a voar, a apreciar música clássica, cinema, através de *Casablanca*, de Bergmann. Ele foi uma pessoa livre, que conseguiu, por meio de seu trabalho de ourivesaria, criar não só joias mas uma vida criativa impregnada de elementos da cultura.

Contava histórias e a predileta era *Rapunzel*. Eu chorava toda vez na parte que o príncipe caia na roseira e ficava cego. Meu pai era cego de um olho. Não foi à toa que meu primeiro livro foi sobre a utilização de histórias na psicoterapia. No sítio distante em que morava só tinha escola até a quarta série. Como amava estudar, quis fazer várias vezes a última série para poder continuar a aprender. Estudou tupi guarani sozinho. Gostava da origem das palavras. Rubem Alves dizia que as pessoas não morrem, ficam encantadas.

Ele foi o sonho e minha mãe, o feijão, também necessário para o equilíbrio. Sou grata aos dois pelo que pude me tornar a partir deles.

CAPÍTULO 7

Considerações

Este é um livro sobre vidas humanas. Percebemos o sofrimento presente em cada vida. E a busca de cada um. No início, buscaram o olhar da figura materna, importante para constituição, e ao não encontrar procuraram a figura paterna.

Na ausência desta, tentaram buscar figuras continentes no ambiente, como avós, tios, namoradas, parceiros. Enfim, são sobreviventes, que não desistiram e lutaram buscando saídas sem perder a esperança, mesmo estando à beira do precipício, e que, por isso, merecem nosso respeito.

	Mãe	Pai	Figuras Importantes	Saídas
1. Freddie	Imprevisível	Indiferente	Mary Austin Montserrat	-Busca da figura materna -Falso *self*
2. Lennon	Abandono	Abandono	Tia Mimi Yoko	- Deprivação e tendência antis-social
3. Clapton	Trauma 2x	Não conhe-ceu	Avó Rose Avô Clapp	- Deprivação e tendência antis-social - Busca do olhar
4. Elton John	Agressiva	Violento Abandono	Avó Ivy Padrastro Fredy	- Tentativa de suicídio -TOC
5. Picasso	Submissa	Narcísico	-	- Cisão - Obsessivo por mulheres

	Mãe	Pai	Figuras Importantes	Saídas
6. Yayoi	Controladora	Rígido	-	- Esquizofrenia - Desintegração
7. Lewis Carol	Não tem informação	Rígido Sacerdote	-	- Perversão
8. Lispector	Deprimida	-	-	- Mãe morta - Trauma
9. Schulz	Imprevisível	Aparência	Tia Marion	- Falso *self* - Simbiose
10. Zelig	-	-	-	- Falso *self*
11. Birdman	-	-	Filha	- Falso *self*
12. Coringa	Psicótica	Não conhe-ceu	-	- Privação e delinquência - Colapso
13. A Partida	-	Abandono	-	- Abandono

As mães

A figura materna é fundamental para a teoria do desenvolvimento emocional de Winnicott. As relações iniciais são importantes para o processo maturacional da criança. Ser amado no início da vida significa ser aceito.

O ambiente facilitador possibilita ao indivíduo a chance de crescer em direção à saúde, e quando o ambiente falha principalmente no início levará a instabilidade e doenças. Neste livro, todos tiveram mães frágeis e ambivalentes.

A mãe inconstante, imprevisível é a que traz mais danos a psique. Freddie e Schulz tiveram esse tipo de mãe e pagaram o preço do falso-*self* e da intelectualização. Passaram como defesa a se antecipar aos humores das mães.

Mães que abandonaram, como a de Lennon e Clapton, causaram traumas ocasionando Deprivação e tendência antissocial. É a experiência de abandono que se passa após um período de cuidados ambientais. Ou seja, teve e foi tirado. A tendência antissocial como roubo e agressividade são vistos como sinal de esperança.

Mãe controladora, como a de Yayoi originou uma desconfiança nas relações. Ela catalogou reações. Contribuiu para desequilíbrio e colapso.

Mães deprimidas, como a de Lispector, produziram um vazio do complexo de mãe morta. Buracos psíquicos que podem ser preenchidos pela destrutividade. O bebê é deixado por conta própria. Não teve função especular.

Mãe psicótica, como a do Coringa, colaborou para Psicose. A mãe não foi capaz de protegê-lo da violência. Ocorreu Privação, que é uma experiência catastrófica de abandono experimentada antes que ele tenha atingido um nível de desenvolvimento. Quando não tem elementos mentais para digerir essa catástrofe o que gera delinquência.

Mãe frágil contribuiu para cisão em Picasso. Ele vivia relações cindidas. Não desenvolveu a capacidade de ficar só.

Mãe de Lewis Caroll não auxiliou na integração. Parece que não foi capaz de ingressar na preocupação materna primária. Objetos parciais. Resultou em Perversão.

Mãe violenta, como a de Elton, produziu intrusão que interrompe a continuidade do ser. Apresentou comportamentos obsessivos na tentativa de ter algum controle e evitar algum perigo.

Chama a atenção que todos os quatro músicos usaram muitas drogas estimulantes como "mamadeiras" para afastar a insuficiência imunológica psíquica. Uma tentativa de um antídoto contra o desamparo e a melancolia.

Os pais

Eles tentaram buscar na figura paterna uma saída, um consolo, uma compensação para a vivencia precocemente traumática com as mães. O pai tem uma contribuição na sustentação da família que pode proporcionar a mãe um suporte.

Mas encontramos pais indiferentes, como do Freddie. Pais que abandonaram, como o de Lennon, de Elton e o do filme *A Partida*.

Pais que nem conheceram seus filhos, como o de Clapton e de Coringa.

Pai narcísico, como de Picasso. Queria ter seu sonho realizado através do sucesso do filho.

Pais rígidos, como tiveram Yayoi e Lewis Caroll.

Pai que só trabalhava e se preocupava com aparência, como Schulz.

Buscaram uma sobrevivência psíquica nos pais, mas também não encontraram. Só restou eleger alguém do ambiente que pudesse exercer essa função de escudo protetor.

Figuras importantes

Os que conseguiram encontrar um escudo protetor foram:

Freddie, que encontrou Mary Austin, sua eterna namorada, e na morte Montserrat como figura materna, que o aceitou incondicionalmente.

Lennon encontrou sua tia Mimi, que lutou pela guarda dele, e Yoko, sua mulher, com quem viveu fusionado.

Clapton teve a avó Rose e o avô Clapp, que desde o início o criaram como filho.

Elton encontrou a avó Ivy, que cozinhava para ele, e seu padrasto Fredy, que gostava de rock e tinha bom humor.

Schulz teve a tia Marion, que era a única que não o julgava. Fez acreditar que era merecedor de amor.

Birdman teve a filha para se vincular.

O personagem do filme *A partida* resgata memórias afetivas do pai na morte.

Os que infelizmente não tiveram nada disso foram: Yayoi, Lewis Caroll, Lispector, Zelig e Coringa. Certamente tiveram vivências mais traumáticas de desamparo e prejuízo na capacidade de confiar.

> *"Eu tô perdido*
> *Sem pai nem mãe*
> *Bem na porta da tua casa*
> *Eu tô pedindo*
> *A tua mão*
> *E um pouquinho do braço.*
> *Migalhas dormidas do teu pão. Raspas e restos*
> *Me interessam*
> *Pequenas porções de ilusão."*
> Música: *Maior abandonado* (Barão Vermelho)

Saídas e esperança

Freddie encontrou Montserrat antes da sua morte, o que foi muito importante. Experimentou ser aceito e reconhecido.

Lennon conseguiu ficar limpo das drogas. Estava num momento muito família cuidando do filho Sean. Infelizmente quando estava encontrando o equilíbrio foi assassinado.

Clapton, com a maturidade e a experiência da paternidade, conseguiu sair das drogas e cuidar mais da família passando mais tempo com elas.

Elton, com a experiência da paternidade e de ser importante para alguém, deu um novo sentido à vida. Não quer mais morrer.

Picasso viveu até morrer com a última esposa. Ela cuidava de tudo para ele passou a ser sua empresária.

Yayoi está viva, produzindo, e continua internada na clínica psiquiátrica.

Lewis Caroll morreu sozinho. Não se relacionou com nenhum adulto.

Lispector tentou o caminho da escrita para se encontrar. Foi uma mulher extraordinária.

Schulz ficou mais sociável. Precisava ser visto e admirado pelas mulheres o que aconteceu com a maturidade.

Zelig tentou deixar de ser falso-*self* mas não conseguiu porque o meio ambiente preferia a não existência dele.

Birdman precisou se matar para expressar o *self* verdadeiro.

Coringa não teve muitas saídas. Teve colapso. Surtou.

Em *A partida*, no momento da morte do pai, o filho descobre o quanto foi amado pelo pai, que morre com a pedrinha na mão que ganhara do filho criança. Houve um resgate de memórias criativas.

Como encontrar-se a si mesmo? Impossível encontrar-se sem o conceito da alteralidade. A experiência da mutualidade tem que acontecer na relação com outro ser humano para que haja crescimento.

Minha admiração a todos os que habitaram este livro. São pessoas que sofreram muito. Que não puderam ser vistas. São sobreviventes de um desamparo.

Que possam lhe servir de incentivo na sua busca para o seu encontro genuíno com você mesmo e, assim, trilhar o caminho da mudança. Não terceirize sua vida. Só você pode vivê-la. Essa é a graça. É isto que faz a vida valer a pena!

"Viver
E não ter vergonha
De ser feliz
Cantar e cantar e cantar
A beleza de SER
Um eterno aprendiz
Ah meu Deus!
Eu sei, eu sei
Que a vida devia ser
Bem melhor e será
Mas isso não impede
Que eu repita
É bonita, é bonita
E é bonita."
Música: *O que é, o que é?* (Gonzaguinha)

Referências bibliográficas

ABRAM, Jan. **A linguagem de Winnicott**. Rio de Janeiro: Revinter, 2000.

ALVES, Rubem. **Ostra feliz não faz pérola**. Rio de Janeiro: Ed Planeta, 2008.

ANDRADE, Carlos Drummond de. Notas sobre a banda. *Jornal Correio da Manhã*, 14 out. 1966.

CLAPTON, Eric. **Eric Clapton a autobiografia**. São Paulo: Planeta, 2017.

FREUD, S. Sobre o narcisismo: uma introdução. In: **Edição Standard das Obras Completas de Sigmund Freud**. Rio de Janeiro: Imago, Vol. XIV, 1974. (Trabalho originalmente publicado em 1914)

FREUD, S. O mal-estar na civilização. In: **Edição Standard das Obras Completas de Sigmund Freud**. Rio de Janeiro: Imago, Vol. XXI, 1974. (Trabalho originalmente publicado em 1930)

JOHN, Elton. **Eu, Elton John**. São Paulo: Planeta do Brasil, 2019.

LEJARRAGA, Ana Lila. **O amor em Winnicott**. Rio de Janeiro: Garamond, 2012.

LISPECTOR, Clarice. **A descoberta do mundo**. Rio de Janeiro: Rocco, 1999.

LISPECTOR, Clarice. **Uma aprendizagem ou o livro dos prazeres**. Rio de Janeiro: Rocco, 1969.

MICHAELIS, David. **Schulz & Peanuts a biografia do criador do Snoopy**. São Paulo: Seoman, 2015.

MONTERO, Rosa. **Paixões amores e desamores que mudaram a história**. Rio de Janeiro: Ediouro, 2005.

NERUDA, Pablo. Sonete mañana. In: NERUDA, Pablo. **Cien Sonetos de amor**. Editorial Losada, 1960.

OUTEIRAL, José. Sobre a ideia de perversão em Masud Khan. In: OUTEIRAL, José. **Meros ensaios escritos psicanalíticos**. Rio de Janeiro: Revinter, 1999.

OUTEIRAL, José; MOURA, Luiza. **Paixão e criatividade estudos psicanalíticos sobre Fida Khalo, Camille Claudel, Coco Chanel**. Rio de Janeiro: Ed.Revinter, 2002.

PLAZY, Gilles. **Picasso**. Porto Alegre: L&M Pocket, 2016.

WINNICOTT, Donald Woods. **A família e o desenvolvimento individual**. São Paulo: Ed Martins Fontes, 2018.

WINNICOTT, Donald Woods. **O ambiente e os processos de maturação**: estudos sobre a teoria do desenvolvimento emocional. Porto Alegre: Artes Médicas, 1983.

WINNICOTT, Donald Woods. Distorção do ego em termos de falso e verdadeiro self. In: WINNICOTT, Donald Woods. **O ambiente e os processos de maturação estudos sobre a teoria do desenvolvimento emocional**. Porto Alegre: Artes Médicas, 1983.

WINNICOTT, Donald Woods. **O brincar e a realidade**. Rio de Janeiro: Imago, 1975.

WINNICOTT, Donald Woods. **Textos selecionados: da pediatria à psicanálise**. Rio de Janeiro: Ed. Francisco Alves, 1988.

Construindo ideias
e conectando mentes

Este livro foi composto com tipografia Minion Pro
e impresso em papel Pólen Soft 70g/m²
na Gráfica Formato em abril de 2021.